하늘과 땅과 나

현대수필가100인선 · 03

하늘과 땅과 나

김시헌 수필선

좋은수필사

■ 책머리에

  수필은 누구나 부담 없이 읽고, 마음만 먹으면 직접 쓸 수도 있는 가장 친근한 문학이다. 다른 영역의 문학이 영상매체에 밀려 신음하고 있는 중에도 수필 인구만은 날로 증가하여 바야흐로 수필 전성시대를 구가하고 있는 이유도 거기에 있을 것이다.
  시대적 추세에 힘입어 수많은 수필전문지, 수필동인지가 창간되고, 이에 비례하여 신진 수필가도 날로 늘어나다 보니 이제는 그 많은 작가, 그 많은 작품 중에서 문학성 높은 작품을 가려 읽는 일이 쉽지 않게 되었다. 이런 현상은 작가에게나 독자에게나 결코 바람직한 일이 아니다. 더 나아가서는 수필을 연구하는 후세들에게도 큰 부담이 될 것이다.
  이런 문제를 해결하는 데는 출판인도 마땅히 한몫을 감당해야 한다는 평소의 소신에 따라, 본사가 기꺼이 그 역할을 맡기로 했다. 그 첫 번째 사업으로 시대를 대표할 만한 수필가 100인을 선정하고, 작가가 자선한 40편 내외의 작품을 수록한 문고본을 발간하여 이를 널리 보급함으로써 그 소임을 다하고자 한다.
  본사는 사명감을 가지고 이 사업을 추진해 나가기로 했다. 작가 선정을 전담할 편집위원회를 구성하고 전권을 위임하여 일체의 사적인 정실이나 청탁을 배제함으로써 전문성과 공정성을 확보해 나갈 것이다.

 따라서 이 기획물 속에는 작가의 문학정신뿐만 아니라, 본사의 문학사적 기여 의지와 편집위원 제위의 수필문학에 대한 애정과 문인으로서의 양심이 함께 담겨 있음을 자부한다. 다만, 작가를 선정하는 기준에는 많은 견해의 차이가 있을 수 있고, 선정 과정에서도 미처 챙기지 못한 부분이 있을 것이라는 사실만은 인정하지 않을 수 없다. 이 점에 대해서는 관계자 여러분의 양해 있으시기 바란다.

 이 시리즈의 발간 순서는 작가, 또는 본사의 사정에 의한 것일 뿐 그밖의 어떤 기준도 적용하지 않았음을 밝힌다.

 본 기획물이 시대를 초월한 많은 수필 애호가들의 관심과 애정 속에 우리나라 수필문학 발전에 한 이정표가 되기를 바랄 뿐이다.

2007년 10월

좋은수필 발행인 서 정 환
현대수필가 100인선 간행 편집위원 박 재 식 최 병 호
정 진 권 강 호 형
변 해 명

| 차례 | 현대수필가100인선 · 03

1_부

야성野性 · 12
가족들 · 16
욕심 · 20
깨어라 · 24
토요일 오후 · 28
직업職業 · 32
가게를 보는 사람 · 37
처녀 석고상 · 41
하늘과 땅과 나(행복론) · 46
어항속의 인생人生 · 50

현대수필가100인선 · 03

2_부

인생人生의 의미意味 · 56
관람자 · 59
껌 씹는 맛 · 64
심판관 · 68
생긴대로 산다 · 70
미완성 완료형 · 74
분노 · 79
인간의 벗 · 83
편입시험을 친 여학생 · 86
나뭇잎 · 90

현대수필가100인선 · 03

3_부

하나가 된다는 것 • 94
스님의 말 • 97
힘과힘 • 101
해질무렵 • 106
느리게 살기 • 111
흐리멍덩 • 114
우주宇宙로 열리는 문門 • 118
소박한 의문 • 122
신비주의자 • 126
고락苦樂 • 130

현대수필가 100인선 · 03

4_부

만난 사람 · 136
작자와 독자- 잡담을 중심으로 · 140
만남과 헤어짐 · 146
짝을 잃은 할머니 · 151
겨울의 바다 · 155
구름에 달 가듯이 · 160
부부 · 165
인격의 유혹 · 170
맑고 흐르고 사납고 · 175
수필과 잡문 · 179

■작가연보 · 183

야성野性
가족들
욕심
깨어라
토요일 오후
직업職業
가게를 보는 사람
처녀 석고상
하늘과 땅과 나(행복론)
어항속의 인생人生

야성野性

 동물의 싸움 구경을 나는 좋아한다. 싸우고 있는 자신들은 고통스럽겠지만 구경하는 나는 대단한 흥미가 간다. 사람의 싸움도 재미가 있다.
 소가 싸울 때는 머리를 사용한다. 온몸의 기운을 머리에 집중시키고 상대편을 공격한다. 쿵덕쿵덕 부딪는 소리를 내면서 싸운다. 부릅뜬 두 눈, 버티는 네 다리, 혼신으로 밀어나가는 우직한 용맹 등이 퍽도 구경스럽다.
 나는 왜 그들의 싸움에 흥미를 가지는 것일까. 머리를 부딪는 기술에 재미가 가는 것일까, 싸우다가 피를 흘리는 참상에 흥미가 가서일까, 아니면 승부에 관심이 가서일까. 그런 것들도 물론 조금은 흥미를 가지게 하는 요소가 된다. 하지만 가장 큰 이유는 그들이 싸울 때에 표현되는 野性에 흥미가 가서

이다. 내부에서 힘차게 분출되는 분노와 우직하게 밀어 나가는 힘에 이상한 매력 같은 것을 느낀다.

개가 낯선 사람을 향해서 짖을 때도 야성이 나타난다. 사자나 범은 가만히 누워 있는데도 눈언저리와 입가에 야성이 보인다. 사람도 싸울 때는 야성이 노골적으로 표현된다. 야성은 한번 움직이기 시작하면 거칠어진다. 야성 자체의 힘에 밀려서 스스로 끌려 들어가야 한다.

야성은 기교를 싫어한다. 속임수를 모른다. 야성은 잠재되어 있는 어떤 힘이다. 그것은 자신의 힘이라기보다 근원적인 어떤 저력이다. 자연성이라고 할까, 원초성이라고 할까. 우주의 근원에서부터 움직여 오는 공유의 힘이다. 그래서 생물은 무엇이든 야성과 연결을 맺고 있다.

사람의 손을 거치지 않는 동식물에는 대개 野자가 붙는다. 야생 식물·야생 동물이라고 한다. 그것들은 아무 제약도 받지 않고 살아가는 생물들이다. 우리는 그것들에게서 강한 야성을 느낀다. 소박하고 순수한 원시성 같은 것을 느낀다.

그런데 인공을 기하게 되면 야성이 많이 감소된다. 온실에서 키운 식물은 어딘지 모르게 허약해 보인다. 손질을 해서 예쁘기는 해도 자연스럽지 않다. 새장에 가두어 둔 십자매나 잉꼬는 재롱스럽기는 해도 야성은 크게 나타나지 않는다. 그러나 비록 식물이라고 해도 들국화·냉이·억새풀 같은 것에서는 소박한 야성을 느낄 수 있다. 생긴 그대로의 생명을 간직하고 있기 때문에 생동력이 있다.

　사람 중에서도 야성적인 기질을 가진 사람이 있다. 의지가 억센 사람, 큼직하고 대범한 사람, 소박하고 육중한 사람, 그러면서 정의 앞에서 물불을 가리지 않는 사람, 이런 사람의 생활에서 우리는 쉽게 야성을 발견할 수 있다.

　야성은 평소에 언제나 나타나는 것은 아니다. 어떤 사태에 직면했을 때 구체적으로 모습을 드러낸다. 그것은 동물의 경우와 크게 다르지 않다. 동물과 다른 것이 있다면, 사람은 理性에 의해서 자기의 야성을 조절해 보려는 노력이다. 최후의 단계에 이르렀을 때 폭발은 해도 그러나 역시 이성에 의해서 어느 정도는 견제를 받는다. 만약 아무 견제도 받지 않고 야성이 폭발한다면 그것은 포악으로 변할 염려가 있다. 그러한 실례를 우리는 주변에서 많이 보고 있다. 싸움 끝에 살인극이 벌어지는 것도 야성의 포악한 표현이라고 볼 수 있다.

　야성은 때로 사나울 수 있다. 그러나 소박한 면에서 어느 정도는 이해를 얻는다. 야성은 사리의 판단에서 무모할 수도 있다. 하지만 악의가 없기 때문에 동정을 받는다. 야성은 순수하고, 깊이가 있고, 힘이 있고, 의지가 강하며 직선적이다. 그렇기 때문에 정직하고 솔직하다.

　야성은 잔재주를 부리지 않고 외곬으로 나간다. 우직해 보이면서 때로는 큰 지혜를 쓸 줄 안다. 그것은 우주의 깊이와 상통하는 거대한 기운의 표현일 수 있다.

謀議에 능한 사람은 야성을 배신하는 사람이다. 잔꾀를 좋아하는 사람은 야성을 조롱하는 사람이다. 利害를 과도하게 따지는 사람은 야성을 두려워한다. 사치를 좋아하는 사람은 야성을 무지라고 판단한다. 그래서 야성을 가진 사람은 오히려 순박하고 사람이 좋으며 인간애의 정신이 강하다. 모의와 잔꾀와 꾸밈 같은 것을 극단으로 싫어하면서도 그러한 사람을 자기의 넓은 품안에 안아보려는 도량도 있다.

야성은 수성獸性과 인간성의 중간이다. 야성이 짐승 같은 포악으로 나타나면 수성이 되고, 순수와 평화로 나타나면 인간성이 된다. 그래서 사람들은 자기의 바닥에 누구나 야성을 소유하고 있다. 다만, 그 야성이 자신에 의해서 얼마만큼 순화되고 감소되며 왜곡되느냐에 대해서는 차이가 있다. 야성을 순화해서 순수한 인간성을 가질 수 있다면 그는 높은 교양인이 될 것이다.

(1957)

가족들

 공공 공공, 마당에 발을 내디디면 반드시 들려오는 소리가 있다. 발을 멈춘다. 짖는 소리에도 이유가 없지만 발을 멈추는 나의 거동에도 이유가 없다. 고양이 새끼만한 강아지가 아파트 문 창살 속에서 나를 보고 짖는다. 그냥 습관일 뿐이다. 습관에 무슨 이유가 있으랴? 눈에 분노가 가득하다. 나는 소리가 귀엽다는 손짓을 한다. 알았다는 신호이다. 강아지는 더 열심히 짖는다. 분노가 극에 달한 표정이다. 자리를 옮겨가면서 짖는다. 나는 그 동작이 귀엽기만 하다. 몇 번 손짓을 하다가 발을 옮겨놓는다. 무관심해진 나는 걸음을 빨리 하면서 길모롱이를 돈다.
 아파트 입구에 이르면 소나무가 몇 그루 있다. 키가 관리사무소의 지붕 위에 올라가 있다. 가지를 수평으로 펴고 있는 소나무가 나는 좋다.

 시원한 푸른 빛깔이 나를 시원하게 해준다. 가지를 길게 수평으로 뻗었는데도 그들은 충돌을 피하고 있다. 상대의 손이 닿아오면 비켜주는 모양이다. 아니면 닿지 않는 구멍을 찾아서 손을 뻗치는 모양이다. 나는 그들의 균형감각에 경의가 간다. 사람도 균형이 잡혀 있는 인품은 남을 존중할 줄 아는데 하는 감정이 온다. 바라보면서 발을 옮기고 있으면 까까까 하는 소리가 난다. 나뭇가지 속에 묻혀서 소리만 낸다. 나는 한 발 물러서기도 하고, 앞으로 나가아기도 하면서 까치의 정체를 찾아낸다.

 등에 검은 점을 찍고 배가 하얀 까치가 나를 보고 짖는다. 나를 향해 무슨 말을 한다. 나도 까까까 한다. 그에게 주는 대답이다. 까치가 나의 대답을 알아들을까? 그것은 아무래도 좋다. 그래도 대답은 해야 한다.

 그의 마음이 내게 오고 나의 마음이 그에게 가고 있다고 믿는 그 자체에 기쁨을 느낀다. 생명과 생명끼리의 교통이 얼마나 귀한데……?

 너비 10미터의 도랑이 있고 그 도랑 위에 콘크리트 다리가 가로놓여 있고 다리 위에서 비둘기 대여섯 마리가 바닥을 쪼고 있다. 몇 번을 쪼다가 고개를 까닥까닥 흔들면서 전진하다가 또 바닥을 쫀다. 나는 그들을 피해서 콘크리트 다리 옆으로 바싹 다가서서 가는데도 푸르륵 날아버린다. 어쩔 도리가 없다. 허공으로 올라가는 그들을 보고 있으면 아파트 18층 꼭대기까지 올라간다. 올라가서는 아파트를 안으면서 크게 회전한다. 허공을 돌고 있는 그들에게도 낭만이 있는 모양이다. 사람도 자유로 날 수 있다면? 하는 감정이 일어난다. 한 놈이 앞장을 서서 길을 잡으면 다른 놈은 조건 없이 따라간다. 언제부터 이루어진 그들의 질서일까.

한길로 나서면 신호등을 건너야 버스를 탈 수 있다. 정거장에는 언제나 사람들이 우왕좌왕한다. 제각기 자기 버스의 번호를 기다린다. 그 속에 끼어서 나도 서 있으면 어떤 사람은 나를 보고 인사를 한다. 내가 고령자이기 때문이리라. 그런데 얼굴을 알아낼 수 가 없다. 어리둥절해 하는 내 표정을 보고 어떤 사람은 무안한 표정이 된다. 그때마다 나는 내 눈을 나무란다. 그래 보아야 또 다음에도 실수를 범한다.

그래서 어떤 때는 자신도 없으면서 상대편을 보고 내가 먼저 인사를 건넨다. 그러면 저쪽 편에서 어리둥절해진다. 아차! 또 실수를 했구나. 하지만 그 이상 더 발전이 없다. 한 지역에 그것도 작은 마을에 6, 7년을 살았으니 그런 현상이 벌어진다. 어쩔 수가 없는 사람 사이의 일들이다.

생명과 생명을 만나면서 얻는 빛光! 그것이 존재와 존재와의 확인인지 모른다. 나이가 많아지면서부터 더욱 그 빛이 소중해진다. 끝없이 높은 곳에 하늘이 있고, 몸통을 송두리째 내밀고 있는 산도 있다. 그들에게도 생명은 있다. 그들을 바라보는 일도 즐겁다. 내가 그들이 되고, 그들 속에 내가 들어가기도 한다. 한몸이 된다는 것, 그것 자체가 곧 인생의 의미라는 것을 요즘은 생각하게 되었다.

(2007)

욕심

 나에게는 버려야 할 욕심이 두 가지 있다. 하나는 젊음에 대한 욕심이고, 또 하나는 여자에 대한 욕심이다.
 늙는 일은 자연의 현상인데 그것을 언제까지나 생각하는 것은 인생의 철리를 옳게 모르는 어리석음이라고 말할 수 있다. 그러나 이론은 그렇다 하더라도 때로 느껴 오는 젊음에 대한 욕심을 아주 버릴 수가 없다.
 나는 10여 년 전에 어느 강물에 목욕을 나갔다가 칠십을 넘긴 듯한 세 사람의 목욕 광경을 본 일이 있다. 피골皮骨이 상접했다는 말은 늙은 사람뿐 아니라 살이 빠진 사람까지도 지칭하는 것인데, 그 할아버지들의 옷을 벗은 광경은 그와 같은 표현보다 해골을 세워놓았다는 표현이 더 어울렸을 것이다. 근육이 깃든 곳이라고도 한곳도 없었다. 쭈글쭈글한 주름

뿐 피부는 앙상한 뼈를 감싸고 있었다. 거기에 눈까지 움푹 파여서 그대로 살아 있는 해골이었다. 그러면서 세 사람은 넘어가는 석양을 받으며 무슨 농을 재미있게 주고받았다.

나는 보아서는 안될 비참한 정경을 보아버린 느낌이었다. 그때 나의 나이는 삼십을 조금 넘고 있었는데 '사람은 모두 저렇게 되어 가는구나'를 너무도 절실하게 생각하였다. 세상에서 무엇이 제일 추할까? 이런 물음이 그때부터 나의 뇌리에 박힌 것이었다. 지금도 나는 늙음을 생각하면 그때의 그 목욕하던 할아버지들의 서 있던 광경이 선하게 떠온다.

석가는 사람이 당하는 4고四苦 속에 노老를 한몫 넣고 있다. 참으로 적절한 지적이라고 생각한다. 진시황은 불로초를 구하기 위해서 두루 천하를 헤매게 했다는데, 그 말이 설사 한갓 풍자에 그친다 해도 사람이 늙기 싫어하는 심정은 얼마간 표현한 이야기다. 나뿐 아니라 사람은 누구나 늙기를 싫어한다.

욕심이란 어떤 것이건 본능과 관련을 가진 것으로 쉽게 단념하기가 어렵다. 그러나 오십에 올라서는 나는 젊음에 대한 욕심을 청산해야 될 때이다. 자연은 언제나 무심 그대로 움직일 뿐이다. 그 자연의 움직임에 동화되면서 무궁 무한대한 우주의 섭리에 따라야 하거늘, 나는 지금도 아직 젊음에의 욕심을 버리지 못하고 있다.

다음은 여성에게 가는 관심이다. 신이 우주를 창조할 때 양성兩性을 만든 것은 생물계의 영원한 존속을 위해서 기획된 일이다. 그 때문에 사람은 거의 일생을 두고 상대편의 성性에게 향하는 욕심을 단념 못하고 있다.

여성에게는 결함도 많다. 질투심이 강하다든가? 독사 같은 마지막 악을 가졌다든가? 변덕이 심하다든가? 남자만큼 마음이 깊지 않다든가? 하지만 어떤 여성에게 있어서는 이 세상의 이상과 미美를 한데 합친 듯이 외양뿐 아니고 내심까지 아름다운 사람이 있다. 그런 여성은 이미 여성이라는 한계를 넘어서 미의 결정체로서 존재하고 있다.

그런데 여성이 아무리 아름답다고 해도 그 아름다움을 느끼는 마음에는 다른 예술품과도 같은 담담한 표정을 가지기가 어렵다. 그림 속의 여자를 보고 애욕을 발동하는 사람은 없다. 영화 속의 여배우를 보고 사랑을 느끼는 사람도 없다. 그것들은 예술작품이기 때문에 사실을 사실대로 객관으로만 바라볼 수 있지만 실제의 여성에게는 그것이 어렵다.

피천득 씨의 수필을 읽어보면 거리의 여인을 욕망 없이 바라보고 싶다는 말이 있는데, 그 욕망이란 곧 무엇을 말할까? 거리의 아름다운 여성들을 예술품처럼 담담하게 감상할 수 있다면 우리는 얼마나 많은 산 예술을 공짜로 감상하고 있는 것일까? P씨가 말한 그 욕망 때문에 얼마나 많은 산 예술을 피부로 스쳐 느끼고 마는 것일까? 사람의 애욕은 미를 보는 바른눈을 망쳐버린다.

그리고 나이가 많아져서 애욕을 가지는 건 혹 추할 수도 있다. 미에의 갈망이라고 생각한다면, 애욕에 연령이 있을 수 없다. 프랑스의 소설가 말로는 미욕美慾 때문에 남의 나라에서 도자기까지 훔친 일이 있다.

그렇게 생각한다면 미에의 욕망이 무엇을 두려워하겠는가마는 사람의 세계에는 도덕이라는 눈이 행위를 감시하고 있다. 그 감시와 싸워 가면서 미를 갈망한다는 것은 용기 있는 사람만이 감행할 수 있는 마지막 광분이다. 그래서 나이가 많아지면 여성을 예술품으로 볼 수 있는 냉정으로 돌아가야 한다. 거리의 여인 가운데는 아름다운 사람이 많다. 로댕의 조각이 아무리 훌륭하다 해도 거리의 살아 생동하는 인간 예술을 당할 수 있을까? 다만 로댕의 예술을 실물보다 더 높은 위치에 놓을 수 있다는 것은 여인을 예술처럼 담담하게 바라볼 수 없는 애욕 때문이라고 생각해 본다.

그 애욕을 이겨서 여성을 거리의 조각품으로 감상할 수 있는 눈을 가진다면 우리는 예술의 숲 속에서 살고 있는 행복을 지니게 될 것이다.

(1970)

깨어라

 국화 두 분을 샀다. 하나에는 노랑꽃이 피었고 하나에는 파랑꽃이 피었다. 4, 5일이 지나자 꽃에 기운이 빠졌다. 샀을 때의 생기를 다 잃고 걸레짝 모양 꽃잎이 축 늘어졌다. '갈증이 났구나' 하면서 물을 부어 주었다. 두 시간도 못 되어 생기가 돌아왔다.
 '물은 생명이다' 하는 감동이 왔다. 국화꽃에 마음을 쏟았다. 서정주가 쓴 「국화 옆에서」 하는 시가 기억되어 왔다. 사오 일이 지났을 때 국화꽃은 다시 기운을 잃었다. 화분에 담겨 있는 국화 포기를 뽑아 올렸다. 뿌리에 달려 올라오는 것은 흙이 아니고 검불이었다. 국화화분을 놓고 팔던 여인이 눈앞에 나타났다. 국화를 속이고 나를 속이는 일이었다.
 부삽과 비닐봉지 하나를 들고 뒷산에 갔다. 산자락에 고추를 심어 놓은 밭이 있었다. 붉은 고추가 어른의 고추만큼 굵어서 "다 익었습니다."고 외치고 있었다. 밭 임자가 나와서 '흙을 왜 파느냐?'고 욕할 것 같다. 그때 나는 "이것 모두 당신 흙이야?"고 반문하리라는 배짱을 가지고 비닐봉지에 반쯤 흙을 담았다. 쫓기듯이 산자락에서 내려왔다.

  화분 바닥을 긁어내고 흙을 반쯤 채운 후에 국화뿌리를 심었다. 물을 가득 채워 화분을 제 자리에 옮겨 놓았다.

  이튿날, 일어나자 국화 화분부터 가 보았다. 국화는 다시 생기를 얻어서 꽃빛을 발산하고 있었다. '흙은 생명이다' 하는 감동이 왔다. 국화 뿌리와 흙이 만나서 생명을 창조해낸 것이다.

  사람은 목이 마르면 스스로 물을 찾아 나선다. 그런데 국화는 누가 물을 주지 않으면 기운을 잃고, 뿌리에 흙이 닿지 않으면 생명을 잃는다.

  하기야 자유천지에 있어야 하는 국화를 굳이 작은 화분에 옮겨서 즐기려는 인간의 잔꾀 때문에 국화는 고생을 한다.

  동네 앞에 개울이 있다. 비가 많이 오면 콸콸 소리를 내면서 개울을 가득 채운다. 그러나 한 달이 못 가서 물은 다 증발하고 개울 바닥만 남는다. 그 개울 바닥에 웅덩이가 생겼다. 길이 10미터 가로 5미터 정도의 물이 고였다. 어느 날 나는 웅덩이 속을 보다가 놀랐다. 손바닥 만큼한 붕어가 웅덩이 속에서 유유히 줄을 만들면서 원을 그렸다. 물의 양에 비해 붕어가 너무 크다고 느껴졌다. 붕어는 즐거운 듯 허연 뱃바닥을 뒤집고 있었다. 그들에게는 웅덩이가 바다나 강물로 착각되었으리라.

사흘이 지나고 열흘이 지나갔다. 사람들은 길을 가다가 머물러 서서 붕어 구경을 한다. 물이 줄어들고 오염 물질이 흘러들어 웅덩이의 바닥은 투명하지 않게 되었다. 붕어들은 그것도 모른 채 헤엄에 여념이 없었다. 어느 날 나는 다시 웅덩이 옆에 섰다. 붕어 두 마리가 배를 뒤비고 죽어 있었다. 오염된 물에 숨이 막혔으리라.

며칠이 지나자, 나는 자연보호 단체에 물었다. 시청 사람들은 무슨 일 때문이냐고 하기에 나는 이유를 말했다.

자연보호단체가 아니고는 붕어구출 작업을 하기 어렵다고 느꼈기 때문이다.

어느 날 다시 웅덩이 근처를 지나가고 있으니 청장년 10여 명이 붕어 구출작업을 벌이고 있었다. 웅덩이의 물을 퍼내고 마지막에 그물로 붕어를 걷어 올리겠다는 계획이었다. 붕어는 열 마리가 넘었다. 그들은 그물에 의해 구제가 되고 안양천이라는 큰 강물에 띄워졌다.

나는 국화를 생각했다. 존재물이 다른 존재에 의해 생명의 교감을 느끼고 서로 연결이 된다는 사실에 희열이 왔다.

「깨어라」라는 제목의 책을 읽은 일이 있다. 인간은 지식에 의해 눈이 멀어지고 생명을 보는 눈이 어두워진다.

지식에서 깨어나라! 자연으로 돌아가라. 그 자연 속에서 직관과 본능이 살아나고 완전한 삶을 얻는다고 말하고 있었다. 생명은 사물 속에 숨어서 보이지 않는다. 다만 교감할 뿐이다. 어둠에서 깨어나라. 그리하여 더 넓은 세계에서 헤엄을 쳐야 한다. 그 세계가 잠재의식이고 그것들의 연결이 집단의식이다. 집단의식에 이르러야 인간은 개체가 아니고 전체로 살 수 있다. 집단의식에 의한 삶은 완전하다. 고뇌도 없고 고통도 없고 회의도 없다. 그것이 곧 종교적인 삶이다. 빛이 있고 행복이 있을 뿐이다 라고 「깨어라」는 역설하고 있었다.

(2006)

토요일 오후

 오늘은 토요일이다. 오후에는 무엇을 할까 생각하면서 돌아오고 있는데 비가 내리기 시작한다. 방에 들어와 앉으니 할 일이 생각나지 않는다. 누굴 만날 약속도 없고 꼭 해야 될 일거리도 없다. 빗소리를 들으면서 길게 누워본다. 눈에 졸음이 왕래한다. 이대로 잠이 들어도 좋다는 마음이 된다. 얼마나 시간이 지나갔는지 알 수 없다. 잠을 깨어보니 오후 네시이다. 낮잠은 몸을 나른하게 만든다. 몸을 따라 마음도 나른해진다. 권태같은 것이 가슴에서 움직인다. 그대로 두면 우울해질 것 같다. 때때로 발작되는 우울증이 나는 싫다. 반사적으로 그것을 방어하려는 동작을 생각해 낸다. 결단을 내린다.
 대문 밖으로 나온다. 어디에 가서 무엇을 할 것인가? 마음의 전환이 지금은 필요하다. 행동을 바꾸어야 마음에 전환이 온다. 발을 옮겨 놓는다. 포장도로를 밟는 구두의 음향이 차차 빨라진다. 도착된 곳은 버스 정거장이다. 안동에 가고 싶어진 것이다. 의성에서 안동까지는 버스로 사십분의 거리이다.

 차창밖에는 비가 내리고 있다. 빗줄기를 바라보고 있으니 가슴이 시원해진다. 마음에도 비가 내리는 것일까. 산골짜기가 어둑하도록 비는 짙게 내린다. 천지가 빗속에 잠겼는데 버스안에는 비가 내리지 않는다. 사람들의 표정이 행복해 보인다. 비를 피해 있다는 안도의 표정일까? 차가 주차장에 도착되자 나는다시 빗속의 사람이 된다. 우산을 받고 안동시가지로 들어간다. 발길이 향하는 대로 몸은 따라가는 자세가 된다.「결혼상담소」라는 간판이 걸려 있는 유리문을 민다. 친구가 결혼상담소를 경영하고 있다. 안동에 가면 빼놓지 않고 방문하는 정류소이다. 정류소라기보다 대화의 장소이다. 친구와 앉으면 간단한 것도 큰 화제로 발전이 된다. 한두 시간 친구와 열을 올리고 나면 막힌 데가 트여 오는 후련이 있다. 어떤 때는 논쟁이 벌어진다. 의견이 대립될 때이다. 그래도 그것이 유쾌하다. 친구는 술을 마시지 않는다. 만약 친구에게 술이 허락된다면 몇잔의 술에 취해서 이야기를 하고 싶은 때가 가끔있다.

 오늘은 법률문제가 화제로 등장되었다. 국적은 한 나라에만 허용된다는 이야기, 미국 간 사람들이 말하는 시민권은 국적이라기보다 종류가 다른 永住權에 속할 것이라는 견해 등

미국에서 여러 해를 거주하면 市民權이 취득된다는 발언에서 실마리가 나왔다. 시민권의 취득이 한국 국적의 상실을 가져 온다면 생각해 볼 문제가 아닌가? 등…….

　친구와의 이야기가 대단원에 이르렀을 때 밖에는 어둠이 깔리고 있었다. 결혼상담소에서 나온다. 친구와 악수를 나눈다. 그는 너무 힘있게 악수를 하기 때문에 그 때마다 나는 많은 힘을 손에 모아야 한다. 그렇지 않고는 나의 손아귀에 고통이 온다.

　버스 주차장 대합실에는 전등이 켜져 있다. 친구와의 대화로 기분은 많이 전환되었다. 어둠속을 뚫고 버스를 타는 일도 유쾌한 일이다. 토요일은 버스 손님이 많다. 일요일을 즐기기 위해서 사람들은 토요일에 많은 이동을 한다. 의자를 선택해서 앉자, "여기 자리 있습니까?"고 물어오는 손님이 있다. 쳐다보니까 얼굴이 갸름한 아가씨이다. 손에 한묶음 꽃이 들려 있다. 나는 자리가 비어 있다는 신호를 한다. 아가씨는 꽃을 다칠까봐 조심조심 앉는다.

　아가씨와 나는 곧 대화가 되었다. 꽃을 들고 오는 까닭을 이야기해 주었다. 아가씨는 국민학교의 교사였다. 의성에서 안동까지 꽃꽂이 공부를 하러 다닌다고 한다. 토요일 오후에 와서 밤에 돌아가는데 너무 재미가 있다고 한다. 아가씨는 꽃꽂이 공부의 기간과 비용을 이야기했다. 꽃꽂이가 예술과 촌수가 가깝다는 말에 이르자, 자신은 음악공부가 하고 싶다고도 했다. 음악대학에 가고 싶었는데 뜻을 이루지 못했다면서 직장에서 음악행사가 있으면 자원해서 그것을 담당한다고도 했다.

대화를 하는 동안에 어느덧 버스는 의성에 도착되었다. 대화 때문에 비가 내리는 밤 풍경을 감상할 겨를을 잃었다. 그러나 후회할 것은 없다. 아가씨와의 대화에서도 나의 우울은 많이 벗겨졌기 때문이다.

버스에서 내렸다. 인사를 나누고 아가씨는 비오는 어둠 속으로 사라진다. 나는 홀가분한 마음이 돼서 거리를 걷는다. 몸도 가벼워지고, 마음도 가벼워졌다. 안동으로 갈 때와는 전혀 대조적이다. 걸음은 느리고 기분은 밝다. 높은 하늘의 작은 구멍속으로 별도 보인다. 흐르는 구름이 오히려 시원할 뿐이다. 나는 천천히 발을 옮기면서 생각한다. 친구와 여교사와 비와 버스가 나의 우울을 씻어 주었다고…….

(1975)

직업職業

"너는 자기 작업에 만족하고 있느냐?"고 물었을 때, 만족하고 있다고 대답할 사람이 몇이나 될까. 직업을 선택할 때는 누구나 많은 생각을 한다. 장래성과 취미와 보수, 그리고 사회적인 안정까지도 생각한다. 그런데도 막상 그 직업을 얻고 세월을 보내 보면 부분적으로 또는 중요한 면에서 결함을 발견한다. 결함이 생기면 두 가지 마음이 일어날 수 있다. 하나는 불만이고 다른 하나는 극복이다.

만약에 직업을 언데든지 자유로이 바꿀 수 있도록 사회적인 여건이 되어 있다면 초년에는 여기저기 다녀 볼 일이다. 그래야 만족스런 직업이 드물다는 사실이라도 발견하게 될 테니까.

자기 직업에 만족하기 어려운 이유는 직장 자체에 결함이 있다기보다 사람의 욕심에 더 큰 원인이 있다. 끝도 없다는 사람의 욕심을 채우기에는 이 세상에 이상적인 직업의 수가 너무 적다. 나도 자기 직업에 대해서 自問自答을 많이 하면서 살아왔다. 초기에는 1년에 몇번이나 직업을 바꾸어야 되겠다는 생각을 했다. 한 해 두 해, 십년, 세월이 지나가는 사이에 어느덧 바꾸기가 어려운 조건들이 만들어져 갔다.

나이가 사십에 가까워지면 직업을 바꾸기가 여간 어렵지 않다. 연령, 직장 안에서의 위계, 보수, 동료 사이의 인간관계, 그리고 가족의 조건들이 모두 방해물로 등장한다. 그래서 불만을 묻어둔 채 평생 그곳에서 근무해야할 각오가 굳어진다.

누가 나에게 '지금은 만족하느냐?'고 묻는다면 '그렇다'고 대답하고 싶다. 불만을 가져봐야 방법이 없으니까 체념을 한 데도 이유가 있지만 그보다 주어진 현재의 나의 주변 조건이 지금의 직업에는 그런대로 적합하기 때문이다. 나뿐 아니고 다른 사람도 마찬가지일 것이다. 이십 년 삼십 년의 세월 동안 깊은 뿌리가 내려지면 뽑기보다는 굳게 내려지기를 바라는 마음이 된다.

해방되던 해에 나는 스물 한 살의 청년이었다. 그때까지 함경북도 淸津 주변에서 살았다. 공업학교 토목과를 나온 후 취직이 되어서 連津이라는 어촌에 갔다. 그 곳에 일본 사람이 경영하는 토목회사가 있었던 것이다.

중학교를 졸업했지만 토목공사 현장에 나가보니까 나는

아무것도 모르는 애송이 견습생밖에 되지 않았다. 학교에서 공부한 이론과 현장의 실무와는 너무 거리가 있었다. 노동자 모양 무거운 측량기를 어깨에 메고 매일 이삼십 리의 작업장을 발로 쏘다녀야 했다. 큰 쇠망치로 말목을 땅속 깊숙이 때려 박는 일과 쇠로 만든 줄자로 정확한 거리를 측정하는 일이었다. 직접 측량기의 망원경을 들여다보거나 수준기로 高低를 재는 기술적인 일은 나에게 맡겨지지 않았다. 맡긴다 해도 그때의 나로서는 감당할 수 없는 풋나기였던 것이다.

일본이 북쪽에서 소련의 위협을 느끼자 淸津과 羅津 사이에 철도를 부설하기 시작했다. 철도 부설공사는 도로 공사와는 많이 다르다. 정밀과 정확을 요구하는 대규모 공사였다.

현장에 나가서 측량을 해 오면 이튿날은 그것을 토대로 설계를 한다. 설계가 되면 도면을 따라 콘크리트 공사가 시작된다. 흥미있는 것은 설계도를 따라 우람한 터널과 교량들이 콘크리트로 축조가 되는 일이었다.

이 곳에서 3년 동안 근무하면서 토목기술의 분령에 조금씩 접근해 갔다. 쇠망치로 나무 말목을 때려 박는 작업에서 측량기 중앙에 달린 망원경을 들여다보는 작업으로 임무가 옮겨져 갔다. 나는 새로운 것을 배워나가는 기쁨으로 그날그날이 재미있기만 했다. 측량기에 달린 망원경을 보면서 전방에 있는 측정원에게 깃대를 크게 흔들면서 신호를 보내고 있으면 참으로 그 직업이 남성적이란 만족감이 왔다.

당시 일본 영화에「건설의 노래」라는 제목의 극영화가 있었는데 그 영화의 내용은 만주 벌판을 측량하며 건설하는 장면이었다. 나는 측량의 현장을 영화에서 보고 나의 직업에 대해서 큰 보람을 느꼈다. 나이가 어렸던 나는 일본의 만주 침략이라는 정치적인 문제는 생각할 줄을 몰랐다. 낭만적이고 남성적인 영화의 장면만이 강한 인상으로 남는 것이었다. 그러나 측량과 설계의 일에도 불만은 있었다. 그것은 공사 현장을 하루 이삼십 리씩 걸어야 하는 부담이 있다. 하루 일을 끝내고, 하숙집에 돌아오면 몸이 고무판모양 늘어졌다. 지쳐 떨어진 나의 피로를 보고 하숙집 아주머니는 하숙비와는 관계없이 생선과 돼지 고기를 자주 밥상에 올리곤 하였다.

많이 걷지 않는 직업을 가질 수는 없을까? 당시 나는 이러한 불만에 차있었다.

아침 저녁으로 출퇴근하는 회사 바로 옆에 국민학교가 하나 있었다. 그 국민학교 앞을 가끔 지나다니고 있으면 운동장에서 수많은 학생들이 뛰놀고 있고 대개는 그 한가운데에 하얀 체육복을 입은 남자 선생님이 서서 학생과 같이 뛰고 있었다. 나는 그 선생님을 바라 보면서 무척 부러워했다. 그들은 많은 거리를 걷지 않아도 되었다. 평화롭고 아름다운 교정에서 종일 즐거운 운동만 하고 있었다.

8·15해방이 되기 일년 전에 나는 군에 입대하기 위해서 고향 안동으로 돌아왔다. 돌아온 이듬해 전쟁은 끝나고 일본

사람의 회사인 나의 직장은 곧 해체가 되었다. 직업을 잃은 나는 앞으로 어떤 직업을 가질 것인가를 가지고 많이 생각했다.

배운 도둑질 모양 토목 기술을 생각해 보았지만 광복 후의 혼란으로 토목공사장이 많지 않았다. 얼마 동안 고향에서 한문 공부를 하고 있었는데 신문에 교사 시험을 친다는 광고가 나왔다. 나는 함경북도 連津에 있던 국민학교를 생각했다. 하얀 체육복을 입은 남자 선생이 연상되었다.

해방 후 2개월 뒤에 나는 학교의 마당에 선 교사가 되었다. 그후 오늘까지 학교의 종류는 달라졌지만 그때의 그 직업으로 일관되어 온 셈이다.

욕심이겠지만 지금도 나는 학교의 일에 전적으로 나의 인생을 다 던지는 정열을 쏟지 못하고 있다. 나의 내부에 가로막고 있는 더 큰 욕망이 항상 외도를 요구하고 있기 때문이다. 그러면서 내 속에 있는 또 하나의 理性은 지금의 직장에 충실하기를 강요하고 있다. '만약 내가 이 직장에 있지 않는다면 다른 누군가가 이 자리의 일을 수행할 것이 아닌가' 하는 생각 때문이다. 사람이 없는 것이 아니라, 자리가 없는 것이 오늘의 한국이다. 그렇다면 내가 채우고 있는 직장의 이 자리는 누군가에 의해서 메워져야 한다. 그 메워져야 하는 임무가 내게 있다면 나는 최소한 누군가가 해야할 일을 수행할 책임이 있는 것이다.

(1969)

가게를 보는 사람

할 일이 있어야 한다. 돈이 아무리 많은 사람도 할 일이 없으면 시간의 처리에 고통을 받는다. 밥을 먹고 나면 시간이 기다리고, 사람을 만나고 나면 또 시간이 기다린다. 남아 있는 것은 시간뿐이다. 그 시간을 유효하게 가치있게 보내는 일이 곧 행복이다. 유효하게 가치있게가 아니고 좀 가치에 결함이 있다해도 시간에게 고통을 받지 않는 사람이라야 우선 하루 하루를 살아낼 수가 있다.

네 사람의 자녀가 결혼을 끝낸 후 나에게는 같이 생활하는 식구로는 아내 한 사람뿐이다. 두 사람만의 가족생활이 시작되고 벌써 5, 6년이 된다. 나는 직장이 있으니까 밥만 먹으면 일자리로 나간다. 해가 지면 돌아와서 피로를 푼다. 그런데 아내에게는 일거리가 없다. 밥을 짓는 일과, 청소를 하는 일과, 세탁을 하는 일 정도이다. 그 이외의 시간은 전부 남아 있다. 시간 속에 헤엄을 친다고 할까?

농촌 시장에 나가서 고추장수를 할까 시장마다 다니면서 헐한 물건을 사서 다른 시장에 갖다 팔까고까지 제안을 한다. 될 일도 아닌 이야기여서 나는 대답도 않는다. 우선 건강이 말을 듣지 않고, 또 실제로 복장을 갖추어 입고 시장 한가운데에 설만한 비위도 못 된다.

내가 퇴근을 해오면 "당신은 좋겠습니다" 하고는 지친 표정을 보일 때가 많다. 사는 일에 재미가 없다고 한다. 무료와 권태 앞에 손을 들고 있다. 좀은 사치한 이야기 같지만 방법이 없다.

자녀들에게 매달려서 학비도 걱정하고 옷 준비에도 마음을 쓰고, 딸아이들의 야간출입 단속까지 담당했을 때는 사는 일에 신이 나 보였다. 잡고 있던 것을 놓아 버린 상태라고 할까, 위로라고 하는 것이 있다면 밤에만 얼굴을 내미는 텔레비전의 관람이다. 그것도 재미가 있는 프로 외는 시끄럽다고 꺼놓는 시간이 더 많다.

이웃집에 가게를 보던 사람이 그만 두고 먼 곳으로 이사를 간다는 소문이 돌았다. 소식을 가지고 온 아내는 그 가게를 자기가 맡아 보겠다고 나선다. 가게의 상품은 주로 수예품이다. 여학교가 근방에 있기 때문에 수요에 따라 생겨진 학생 상대의 가게이다. 나는 즉석에서 반대했다.

교직에 있는 나의 직업, 돈벌이에 환장을 했다는 남의 입, 그것이 문제였다. 네 아이의 결혼을 치르고 빚도 좀 있었다. 그러나 세월이 그것들을 거의 메워가고 있다. 월급만 해도 살 수 있는 형편인 것을 세상 사람이 알고 있다. 또 자연대로 살고 싶은 것이 나의 인생관이고 경제관이다. 그런데 60에 육박한 연령에 새로 가게를 벌인다는 것은 남의 눈에 거슬릴 일이었다.

 아내는 진지했다. 돈을 번다는 목적보다, 시간을 보내는 방법으로 부담이 과하지 않은 작은 수예점이 자신에게 꼭 맞는다는 것이다. 며칠을 두고 생각했다. 시간과 돈, 체면과 비난의 사이에 나는 끼여 있었다.

 이사를 가는 날짜가 박두하자 아내는 심각해졌다. 남의 인생을 구경만 하고 있을 작정이냐고 나선다. 나는 손을 들었다. 인생 앞에서는 자신이 많이 약하다는 것을 시인하지 않을 수 없었다.

 가게를 벌이는 아내는 신이 나 보였다. 청소를 하고, 물건을 사들이고, 가게의 주인과 가게 보는 지식을 교환하고……그래도 나는 무관심했다. 내가 끼어들 일거리도 없지만 그 일에 참견하고 싶은 마음도 없었다. 무관심한 나를 아내도 무관심했다. 그 일은 전혀 자기 자신의 일로 생각했고 허락을 받은 일만 해도 감지덕지로 보였다.

 그런데 변화가 일기 시작했다. 일거리가 생기더니 얼굴에 생기가 돌아왔다. 내가 퇴근을 해서 집에 와도 기운빠진 표정을 볼 수 없다. 오늘은 무엇 무엇을 팔았다면서 사연을 이야기한다. 돈이 벌어들이기보다 일 자체에 흥미를 가지는 것 같다. 권태와 무료에서 얻은 행복이라고 할까, 그의 얼굴을 보면서 나는 잘했다는 생각을 해 본다. 그리고 나 자신에게도 손해될 것이 없다. 나른해진 아내의 표정을 볼 때마다 나도 함께 나른해지던 그 증상에서 면제가 되었으니까.

  어떤 날은 물건이 좀 팔렸다면서 내가 좋아하는 음식을 팔에 가득 사들고 들어온다. 그러나 나는 그에게 가끔 농담 섞인 충고를 한다. 그러다가 만약 악덕 장사꾼이 되어서 돈만 아는 사람이 된다면 그때는 내가 내미는 이혼장에 말없이 도장을 찍어야 한다고…….

(1978)

처녀 석고상

 종이에 싼 물건 하나를 들고 좀 늦게 집으로 돌아왔다. 베개만큼의 물건을 든 나에게 딸과 아내는 평소와 다른 관심을 보낸다. 그것이 무엇이냐고 묻는 그들의 호기심에 얼른 대답을 않고 포장을 풀기 시작한다. 딱딱한 감각이 손에 와 닿으면서 더욱 그들의 호기심을 높여 놓는다. 포장지가 다 풀어지자 속에서 석고상이 하나 나타난다. 나체로 된 처녀의 석고상이다. 아내는 약간 놀라는 기색이 되면서,
 "다 큰 딸이 있는데 왜 그런 것을 사 들고 오느냐?"고 책망부터 시작한다.
 "아버지도 참 대담해지셨네요."
 반기는 표정을 하는 딸의 말이다. 나는 그들의 말에 아무 대꾸도 없이 석고상을 들어 아주 공손히 전축대 위에 올려놓

는다. 고개를 오른편으로 갸우뚱 숙인 처녀 석고상은 한 오라기의 천도 걸치지 않은 채, 부끄러움도 모르고 오똑 서 있다. 어깨에 흐르는 근육의 선이며, 하체로 이어진 골격의 굴곡이 그런 대로 실감實感을 자아낸다. 석고가 아니고 돌로 되었다면 훨씬 가치를 느끼겠다고 나는 생각해 본다.

같이 바라보고 있던 아내는 무슨 생각을 했던지 석고상의 허리를 한 손으로 들고 눈 높이만큼 올리더니 전신全身을 더욱 찬찬히 관찰하고 나서,

"'야마리가 톡 까졌구나!"고 한마디 던진다. 아마 딸이나 이웃집의 잘 아는 처녀 정도로 가깝게 느껴졌던 모양이다. 그래도 많이 미워하는 눈치는 아니다.

"옷을 입혀야겠어요"

아내의 말이 아니라도, 나는 그것을 느끼고 있었다.

야마리(얌치)가 톡 까진 그것도 이유가 되지만 나체를 그대로 노출시키기보다는 한 겹의 경계선을 두르는 편이 더 은근한 운치를 만든다.

그리고 딸이 말한 대담에 대해서 그들이 이해할 수 있는 이유를 이야기하고 싶다.

이튿날은 퇴근길에 포목점에 들렀다. 석고상의 옷을 직접 내 눈으로 고르고 싶었던 것이다. 모기장같이 엷은 천을 사겠다니까 포목점 아주머니는 무엇에 쓸 것이냐고 묻는다. 나는

이유를 말했다. 포목점 아주머니도 나의 말에 호감이 가는 모양이다. 옷감을 아주 적게 사겠다는 데도 힘을 내서 온갖 엷은 천을 다 뽑아내 놓는다. 색깔은 무엇이 좋겠느냐고까지 적극성을 띠운다. 나는 흰빛이나 살색이 좋겠다고 말한다. 아주머니는 엷은 천을 한 감씩 자기 팔뚝에 덮으면서 어떠냐고 물어본다. 석고상에 입혔을 때를 예상해 보라는 뜻이다. 나는 흰빛을 선택했다.

  옷감을 사 가지고 돌아온 나를 보고 딸은 아버지가 처녀 석고상에게 비상한 관심을 보낸다고 말하고, 질투가 난다고까지 한다.

  "딸보다도 석고상이 더 귀여운 모양이지요."

  딸의 농담은 재미가 있다. 그러나 나는 웃을 뿐 아무 대답도 하지 않는다. 성숙한 딸은 아버지를 친구나 애인 정도로 농담을 던지는 애교가 있다.

  어떤 사람은 인형人形을 좋아한다. 그런데 나는 인형에 관심이 가지 않는다. 인형의 아기자기한 표정이며 잔재주를 다해서 만든 옷의 장식이 기분을 거스르기 때문이다. 그러나 처녀석고상은 수수하고, 투박하고, 그러면서 균형이 있는 아름다움이 내 기호에 맞는 모양이다. 석고상과 인형은 다같이 사람을 닮았다. 그리고 둘다 생명은 없다. 하지만 한쪽은 의상에 표현의 중심이 가 있고, 다른 한쪽은 표정과 골격(육체)에 표현의 중심이 가 있다. 그리고 석고상은 조각에서 느끼는 어떤 질량감을 강하게 준다.

옷을 입은 처녀 석고상은 마침내 아마리를 겨우 유지하였다. 엷은 천 속으로 은근히 비치는 석고상의 육체는 이제 완성된 예술품이다. 제법 생동감을 보이면서 사람의 눈을 더욱 모은다.

어깨 위로부터 내리 덮여진 옷감은 결혼식장에 선 신부의 드레스를 닮았다.

그것을 너무 오래도록 바라보고 있는 나를 보고 아내는 또 한마디 던진다.

"남자들은 아무래도 좀 엉큼한 데가 있어요."

바로 나 자신을 두고 말하기보다 남자들 전체를 말하는 데는 생각해 볼 진리의 일면이 있다고 인정을 한다.

그러나 나는 속된 육체적인 욕망에서가 아니고 예술품이나 미술품으로서의 관심이라고 설명을 붙이려다가 그만두기로 한다.

세상에서 가장 아름다운 대상이 무엇이냐고 남성에게 묻는다면 대부분의 남자는 여인의 나체라고 대답을 한다. 예술품을 두고 말할 때 하필 왜 여인의 나체가 가장 아름다우냐고 묻는다면 무슨 대답이 나올까? 그 대답 속에 아내가 말한 엉큼의 감정이 잠재해 있는 것은 아닐까? 표현이 엉큼이라고 나와서 좀 험악해졌지만 그것을 다른 말로 고친다면 애욕愛慾

이라고 해도 좋을 것이다. 애욕의 작용 때문에 여인의 나체가 가장 아름답게 보인다고 한다면 너무 지나친 탐미적인 해석일까? 그러나 애욕은 여성女性에게도 있다. 여성은 그것이 소극적으로 나타나기 때문에 엉큼이라는 어휘에서 면제를 받았을 뿐이다.

나체 석고상을 갖다 놓은 지 한 달이 넘지만 나는 아직 싫증을 느끼지 않는다. 엷은 옷감 속에 감추어진 육체의 부드러운 선선線은 알 수 없는 신비를 느끼게 한다. 다른 실물實物과의 대조라든가 그것의 연상에서 오는 신비라기보다 처녀 석고상의 몸에서 풍기는 우아와 신선과 생동감이 나의 마음을 끈다. 마음의 어느 한구석에 아내가 말하는 남자들의 엉큼이 있을지 모르지만 현재의 나의 감정은 오히려 파란 하늘처럼 청명하기만 하다.

(1978)

하늘과 땅과 나(행복론)

새벽 2시, 잠에서 깨어났다. 큰소리가 난 것도 아니고 누가 깨운 것도 아닌데 눈이 떠졌다. 습관이리라. 아니면 잠재의식이 깨웠으리라. 어디에 갔다가 돌아온 것 같다. 죽음이 이런 것은 아닐까. 그대로 죽어갈 수도 있는데 다시 살아난다는 믿음 때문에 잠이 두렵지 않다.

밤 10시에서 새벽 2시까지 네 시간을 숙면한 셈이다. 그런데 순식간으로 느껴졌다. 잠은 시간을 초월하는 모양이다. 의식이 점점 명료해지면서 내가 있는 위치를 깨닫는다. 희뿌연 남쪽 창을 중심으로 더듬어 가면 출입문, 화장실문, 장롱문이 나타나고 옆에 자고 있는 아내가 발견된다.

잠은 몸 안의 온갖 것을 쓸어 가는 모양이다. 마음도 몸도 투명하다. 누운 채 한동안 감상에 젖는다. '감사합니다.' 누구에게 감사해야 되는지 구별도 못 하면서 이 소리가 가슴에서 일어난다. 행복감 때문이리라. 숙면은 행복이다. 이상도 이하도 아닌 존재 자체에 대한 행복감이다.

  소리나지 않게 옷을 찾아 입는다. 자고 있는 옆 사람을 깨워서는 안된다. 양말까지 꿰어 신고 출입문을 민다. 그 또한 소리가 나지 않아야 한다. 문 밖으로 나오면 비로소 자유를 얻는다. 옆 사람을 깨우지 않으려는 긴장에서 해방이 되는 자유이다.

  불을 켜고 소리나지 않게 차를 만든다. 요즘은 매실차에 맛을 들였다. 원액에 따뜻한 물을 부어 한 잔 마시면 온 몸이 훈훈해진다. 그때부터 작업이 시작된다.

  첫째가 원고 읽기이다. 수필반 학생이 제출한 글을 읽어 주어야 한다.

  말을 고치기도 하고 아주 완전히 빼라는 표시도 한다. 좋은 글이 나오면 스스로 취한다. 내용에 취하기도 하지만 학생이 성장한 결과에 더 취한다. 2, 3년씩 쓰는 동안에 변화가 온다. 내면에 있는 천성이 조금씩 커가는 모양이다.

  문화센터의 수필반을 담당한 지 10년이 된다. 나는 그 10년이 즐거웠다. 일주일에 두서너 번 나가면 된다. 그것도 하루 두 시간이면 끝난다. 내가 생각한 문제를 이야기해 보는 것도 즐겁고, 그들의 의견을 들어보는 것도 즐겁다. 마음의 호응 때문이리라. 일을 끝내고 수필교실에서 나올 때면 발이 가볍다. 그러나 어떤 때는 우울하기도 하다. 호응이 마음에 걸렸을 때이다. 그때의 책임은 순전히 내게 있다. 준비가 부족했거나, 알고 있는 것이 빈약했기 때문이다.

  수필 읽기를 끝내면 독서로 들어간다. 70을 훨씬 넘긴 나는 긴 글을 읽지 못한다. 눈이 곧 아파지고 집중력이 약해진다. 열 장을 넘기지 못하고 책을 덮어야 한다. 이 때의 책은 대개 나의 연령과 관계가 깊다. 어떻게 하면 마음이 편해질까. 어떻게 하면 그때 그때를 잘 살아갈까 등이다.

  열거해 보면 『잠재의식이 힘』, 『깨달음은 없다』, 『산다는 것은 무엇인가』, 『頓悟要門』, 『도를 말한다』 따위이다. 읽는 데에 부담을 주지 않고 살고 있는 현재와 인생과 직접 관계가 있다. 책읽기를 끝내면 거실로 나와서 거니는 연습을 한다.

  하늘과 나와 땅을 연결시키는 연습이다. '마음이 가는 곳에 기가 간다' 는 말을 책에서 본 일이 있다. 그 연결의 연습을 해보는 것이다. 하늘의 기운을 나의 몸으로 끌어들여 발끝까지 보내고 다시 그것을 땅속 깊이 보내는 마음의 동작이다. 「마음이 가는 곳에 기가 간다」는 실행이다. 그러고 있으면 육체 속으로 의식이 흐르는 것 같다. 수직선으로 연결이 되는 것 같다. 앞에 말한 대부분의 책이 이것을 권하고 있었다. 건강에도 좋고 무심 공부에도 좋았다.

  나의 행복은 이런 따위이다. 잠을 깊게 잔다는 사실과 나의 일거리에 빠지는 몰입이다. 어떤 일에 열중한다는 것은 자기를 잃어버리는 시간이다. 주위와의 일체감이다. 그 일체감이 행복감을 준다.

노년은 인생을 끝내는 예비 기간이다. 그래서 행복보다 육체의 건강만을 생각하기 쉽다. 그러나 인간에게는 평생 동안 갈등과 방황이 따라 다닌다. 그것을 마음 안에 두고는 행복할 수가 없다. 예방하고 소명시키고 잠재워야 한다.

20대의 행복, 40대의 행복, 60대의 행복…해 나가면 그때그때의 행복이 있다. 젊은 때의 행복은 동적인 사실에 있다면 노년의 행복은 정적인 것에 있다. 그러나 행복감의 질은 비슷하다. 충족을 주는 것, 통일을 느끼는 것, 투명해지는 것들이다. 그리하여 행복은 때로 반짝 올 뿐, 지속이 어렵다. 어느덧 희미해지다가 감정에서 사라져 버린다. 어떤 사람은 항상 해복하다고 말한다. 종교적인 행복 같은 것이리라. 그러나 그 또한 강약이 있고 기복이 있다. 행복은 감정의 현상이기 때문이다.

(2003)

어항속의 인생人生

 어항은 다방 안에 설치된 수족 공원이다. 태평양의 깊은 해저를 옮겨 놓은 것같은 어항 안의 풍경은 밖에서 보는 사람의 눈에는 수채화처럼 밝고 아름답다. 어항속에서 유유히 다니고 있는 고기는 멋과 위엄과 여유를 지니고 있다. 어항의 해저에는 바위가 있고, 해초가 있고, 산호초도 있다. 사이를 누비고 다니는 고기의 동작은 그대로 바닷속을 닮았다. 신비가 있고 평화가 있고, 운치가 있다. 먹이를 얻기 위한 초조도 없고 다른 동물의 습격을 예상하는 불안도 없다. 몸을 최대한으로 펴고 나보란 듯이 선회하는 고기에는 같은 동작의 반복이 수없이 있으면서도 권태는 없다.

 어항속의 고기를 사람에게 비유한다면 서양사람이다. 미꾸라지. 피라미, 납쭈라기, 민물 붕어 등으로 되어 있다면 동양이나 한국사람을 닮았다고 할 수 있는데 그들의 빛깔은 대체로 화려하다. 금빛 찬란한 금붕어, 도둑놈같이 생긴 바다꺽지, 지느러미를 결혼식장의 신부옷처럼 길게 늘인 바다 납주라기, 눈이 퉁방울처럼 나온 검정 붕어 등 모두가 동양의 몸짓과 색깔이 아니다. 문명의 물결을 몸에 흠뻑 받은 서구인의 몸장식이다. 금은 보배를 몸에 걸치고 물질문명의 풍요를 만끽하는 귀족들의 풍채라고 할까.

　어떤 어항에는 영주 노릇을 하는 고기가 있다. 자기 영토에 다른 놈이 접근해 오면 갈퀴를 무섭게 세우고 공격을 시도한다. 그 자세는 창검을 두 손에 들고 앞으로 전진하는 서양의 기사를 닮았다. 누구도 자기에게 영토를 준 일이 없는데도 제멋대로 구획을 만들어서 "나의 땅이다"하고 경계의 눈을 구르고 있다. "힘은 정의다"하는 철학을 시험해 보고 있는 자세 같기도 하다. 일정한 거주지도 없이 어항 전역을 어정어정 떠돌아 다니는 고기떼도 있다. 이쪽면에서 시작해서 저쪽편 끝까지 갔다가 몸에 유리벽이 닿아지면 할일없이 다시 돌아온다. 갔다왔다 왔다갔다 그것만이 그들의 생애인 것 같다. 사람이 만약 그들처럼 일없이 한생애를 왔다갔다 하기만 한다면 인생이 얼마나 따분하랴? 권태가 밀려와서 못 살 것만 같다. 그러나 돌려 생각하면 "生也一片浮雲起 死也一片浮雲滅…"해서 구름에 달가듯이 떠돌아 다니는 나그네 같아서 팔자가 편해 보인다.

장자는 인생의 목적을 소요라고 했다. 그들의 동작이 소요같게도 보인다. 生死에 구애가 없고, 소유에 집착이 없고, 영욕에 관심이 없어 보이는 짚시 같은 생활이라고 할까.

어항에는 대개 작은 접시가 물속에 잠겨 있고, 그 속에 고물고물 움직이는 물체가 보인다. 나는 그 동물에 강한 관심이 간다. 무엇엔가 붙잡혀서 놓여나지 못하는 몸부림이 있다. 이따금 고기가 와서 몸의 일부를 물고 지긋이 당겨 본다. 그것이 고기의 먹이인 것을 발견한 나는 최초에 상당한 충격을 받았다. 먹고 먹히는 절박한 사태를 너무도 여실하게 보아야 했기 때문이다.

어디에서 누가 자기 몸을 물고 당기는지 방향도 모르면서 고통스럽게 몸만 비비 꼬고 있는 동작이 가엾다기보다 오히려 가증스러웠다. 분노가 치민다고 할까. 못생긴 놈, 어쩌다가 저모양으로 남의 밥이나 되려고 생명을 가지고 태어났단 말인가? 바보 같은 자식! 하는 역겨움이 솟아 나기도 한다. 그러나 어쩌랴? 그들인들 스스로 원해서 자기의 운명을 선택하지는 않았을 것 아닌가.

운명에는 자유가 없다. 주어진 그대로 태어났을 뿐이다. 누군가가 부여한 운명을 살아가야 하는 의무가 있을 뿐이다. 사람도 마찬가지이다. 얼굴이 못생기고 잘생긴 것, 두뇌가 좋고 나쁜것, 육체가 강건하고 허약한 것, 환경이 불리하고 유리한 것, 모두가 시초에는 자기의 선택이 아니었다. 누군가가 준

것을 그대로 받아 왔을 뿐이다. 스스로의 능력으로는 어쩌지도 못하는 거대한 힘, 그런 것이 운명이 아니겠는가.

  어항의 고기는 어항밖의 세계에 대해서 전혀 무지이다. 사람이 지구위에 살면서 눈에 보이는, 하늘과 땅, 나무와 강, 별, 달 등이 이 세상의 전부라고 생각하듯이……

  다방에 들어온 손님이 손 한번 잘못 크게 움직여서 어항이 만약 쩡! 하고 깨어진다면 어떤 광경이 벌어지랴? 고기들은 알몸이 되어 맨바닥에서 생사를 결단하는 춤을 출 것이다. 여유만만한 유랑도, 갈퀴를 세운 위엄도 다 정지되고, 죽음과 싸우는 발악만이 계속되어야 한다. 그리하여 고기를 물속에 다시 집어 넣어 주는 작업이 없는 한, 그들은 생명을 잃어야 한다. 그때 고기의 생명은 누구에 의해 보장되는 것일까? 사람의 생명이 神에 의해 좌우된다고 생각하듯이 이때의 고기의 神은 곧 사람이 된다. 종교인은 神의 세계를 더듬으면서 살아간다. 신이 있느냐 없느냐를 감각으로 파악한 사람은 아무도 없다. 그것은 감정의 세계요, 정신의 세계이다.

  신의 정체에 대해서 자기 생각이 반드시 옳다고 주장할 수는 없다. 그의 신이 있고 나의 신이 있을 수 있다. 다만 공통되게 말할 수 있는 것은 인간이 알고 있는 이외의 곳에 다른 어떤 큰 힘이 움직이고 있다는 상상이다. 그 상상 속에서 신을 찾아 내는 사람도 있고, 찾지 못하는 사람도 있다. 찾지 못하는 사람보다는 찾아낸 사람이 더 행복할 수 있다, 그들에게는 인간에게 주어진 한계조건을 벗어날 수 있는 가능성이라도 있다. 그러나 찾지 못한다 해서 그것을 불행이라고 단정할 수는 없다. 신의 가호와 신의 안내를 받지 못한다해도 한 생애를 평화와 기쁨으로 살아갈 능력이 있는 사람은 자기의 생애밖에까지 행복이라는 욕심을 연장하기를 원하지 않기 때문이다.

어항속의 고기는 인간이 살고 있는 사회를 닮았다. 고기를 보면서 인생을 생각하고 있는 나의 생각이 얼마나 좁은 한계 안에서의 생각인가를 안다. 고기가 어항밖의 세계에 대해서 전혀 무지하듯이 나도 또한 그럴 것이니까…….

(1980)

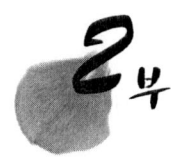

인생人生의 의미意味
관람자
껌 씹는 맛
심판관
생긴대로 산다
미완성 완료형
분노
인간의 벗
편입시험을 친 여학생
나뭇잎

인생人生의 의미意味

"왜 사느냐?"는 누구에게나 때때로 오는 인생에 대한 질문이다. 그것에는 대체로 세네 가지의 답이 있다. 하나는 그런 것, 알아서 무엇에 쓰느냐? 하는 반문이고, 다음은 종교적인 대답이다. 기독교는 대답한다. 하나님을 찬양하기 위해서라고…… 죽으면 하나님의 품안으로 돌아간다는 희망과 기대를 가지고 있다. 그 기대와 희망 때문에 현재를 행복하게 살 수 있다. 하나님과 나의 연결은 곧 인생의 목적도 되고, 의미도 된다. 그래서 가장 손쉬운 의미의 발견이다. 오직 하나님만을 생각하는 정념에는 회의도 없고 방황도 없다. 다음은 불교이다. 불교는 주어지는 목적이 아니고, 스스로 찾아가는 목적이다. 불교는 두 가지 나를 말한다. 하나는 허상虛想이고, 다른 하나는 실상實像이다. 현재의 나는 허상의 옷을 입고 허수아

비처럼 나 아닌 나를 살고 있다고 본다. 그 허수아비 속에 실상이 있으면서 얼굴을 내놓지 않는다. 생각하는 사람에게는 그 실상이 때때로 보인다. 하지만 어느덧 허상으로 돌아간다. 어떤 신자가 삶이 너무 괴로워서 스님을 찾아갔다. "스님! 저는 항상 마음이 불안합니다. 편하게 살 수 있는 방법을 가르쳐 주십시오." 스님은, 대답했다. "그 불안한 마음을 여기 내놓아 보십시오."했다. 신자는 대답을 잃었다. 내놓을 마음이 어디 있는지 알 수가 없었다. 스님은 다시 말했다. 불안은 마음이 만드는 것인데 그 마음을 버리면 불안도 버려집니다. 그래서 불교에서는 일체유심조一切唯心造를 말한다. 모든 것은 마음이 만든다고 선언한다. 식욕·성욕·명예욕·권력욕·재산욕 등이 모두 마음의 발작현상으로 믿는다. 그런 것을 다 버리면 어떻게 살 수 있느냐? 고 질문을 하는 사람이 있다. 그렇다. 다 버리기가 그토록 어렵고, 완전히 다 버린 사람이 세상에 몇 사람이나 될까? 나에게는 기독교와 불교가 공존한다. 어느 쪽도 살아가는 방법에 교훈을 주기 때문이다. 어느 한 쪽을 반드시 버려야 하는 이유가 없다. 그러면서 두 가지가 다 미완성 채로 주변을 맴돌기만 한다. 하나는 사오십 년 동안 무장이 된 합리주의가 가슴에 버티고 앉아서 기독교의 맹목적인 복종에 저항을 주고, 불교의 참 나를 찾기에는 그 인내와 노력에 한계를 느낀다. 이것이 실상이고 진리입니다고 손짓만 하고 있으니 따르기가 너무 힘들다. 어떤 사람은 철학을 이야기한다. 생각하고 생각한 끝에 철학이 있다. 그 철학에도 인생의 의미가 있다. 하지만 철학은 따질 뿐, 맹목을 허락하지 않는다. 불교의 전체화와 기독교의 복종을 수용하기에는 철학이 너무 똑똑하다. 좀더 멍청해지는 철학이 되든지 아니면 철학을 넘어선 세계로 치솟아 가야 한다. "인생은 영원한 방황이다"고 말한 철학자가 있었다. 참으로 솔직한 토로라고 생각한다. 또 어떤 사람은 인생의 목적에 대해서 무관심하다. 목적을 찾지 않아도 인생은 얼마든지 살아갈 수 있기 때문이다. 주위에는 그런 사람이 상당수 있다. 하지만 그것 또한 쉽지 않다. 사람은 처음부터 생각하는 동물로 태어났기 때문이다. 사람은 제각기 자기의 우상을 가지고 있다. 지식과 습관과 환경은 우상의 창조자이다. 40을 넘기면 완고한 고집쟁이가 된다고 말한다. 한번 만들어진 완고는 버리기도 어렵고 부수기도 어렵다. 만약 그것을 부술 수 있는 사람은 마음을 비울 수도 있는 사람이다. 비워야 다른 진리가 그 자리에 들어갈 수 있다. 기독교도 불교도 철학도 비워지는 마음을 찾고 있다. 완전히 비운다는 것은 허공으로 돌아가는 길이다. 인간은 죽음에 다달았을 때 허공의 존재를 발견한다. 그때 어떤 사람은 허공을 휴식처로 생각하고, 어떤 사람은 허무의 아궁이로 생각한다. 휴식이든 아궁이든 하나님이든 부처님이든 거기에는 인생의 종말이 대기하고 있다. 그 종말을 향해 사람들은 바쁘게 또는 느리게 걸음을 옮기고 있다.

(2006)

관람자

 신의 창조물 가운데서 가장 우수한 제작품이 무엇이냐고 묻는다면 생명을 가진 자의 육체라고 하고 싶다.
 사람이 만든 기계는 아무리 우수해도 사람의 손이 가야 움직여지는데 생물의 육체는 처음부터 자동장치이다. 제 힘으로 움직여서 제 힘으로 커서 제 힘으로 기능을 발휘한다. 생각할수록 정밀하고 유기적이고 신묘하다.
 그런데 생명을 가진 물체의 종류를 생각해 보면 또 재미가 있다.
 지구를 포함한 공간을 크게 셋으로 나누어서 생각할 수 있는데 하나는 하늘이고 다음이 땅이고 또 하나가 바다이다. 그 하늘과 땅과 바다에 신은 각기 거기에 맞는 생물을 만들었다. 하늘에는 날아 다니는 생물을 만들었고 바다에는 헤엄치는 생물을 만들었고 땅에는 기거나 걷는 생물을 만들었다.

어느 한 공간쯤 생물이 못 다니는 공간으로 둘 수도 있는데 신은 왜 이 세 공간에 모두 맞게 생물을 각각 만들었을까? 아마 신은 피카소처럼 입체적인 것을 좋아하는 모양이다. 만약 하늘에 날아 다니는 새를 만들지 않았다면 하늘이 항상 비어서 너무 공허할 것이 아닌가? 영원히 뻗어 있는 텅 빈 공간만 있다면 얼마나 단조롭겠는가? 그리고 바다가 단순한 물 한 가지로만 꽉 차 있다면 그 많은 바닷물의 존재 의의가 무엇일까? 종일 바다는 아무 할 일도 없이 출렁거리고만 있을 것 아닌가? 그래서 신은 정靜을 싫어하여 움직이는 물체를 여러 가지로 만들어서 세 공간에 놀게 하였다. 그리고 신은 약간 잔인한 취미를 가진 모양이다. 그 많은 생물을 만들어서 서로 싸움을 붙여 놓았다는 사실이다. 강한 놈은 약한 놈을 잡아먹도록 하였고 힘이 대등한 놈은 끝까지 싸워서 힘으로 심판을 하게 하였다.

나는 어릴 적에 닭싸움 구경을 좋아하였다. 닭에다 고추장을 먹이면 기질이 강해지고 싸움을 잘 한다고 해서 먹기 싫어하는 고추장을 많이 먹여서 이웃집 닭과 싸움을 붙였다. 그 구경이 딱지를 치거나 공을 차면서 놀기보다 훨씬 재미가 있었다. 공을 치거나 딱지를 치는 놀이는 거의 같은 동작의 반복이어서 곧 권태가 왔다. 한데 닭싸움은 긴장이 지속돼서 끝까지 흥미를 끌고 나갈 수 있었다. 싸우는 닭은 생사를 결단하는 위험을 치르고 있는데 나는 그 싸움을 지켜보고만 있었으니까 나의 취미가 신의 취미를 닮았다고나 할까?

그리고 신은 생물들의 싸움으로 인해서 적의 수효가 줄어드는 것을 염려해서 종족 번식의 본능을 부여하였다.

싸움을 잘 하는 놈의 번식은 느리게 하고 싸움을 못하는 약한 생물은 번식을 더 잘 되게 하였다. 그래야 수의 균형이 잡혀서 싸움이 영원히 계속될 수 있을 것이니까.

아무튼 신은 우주를 대분大分하여 셋으로 만들었고 그 속에 생물을 놀게 하였는데 그 생물의 움직임이 너무 단조로워서 싸움을 붙여 놓았다. 그 싸움을 구경하고 있을 신의 자세를 생각하면 나는 그 싸움 구경도 지금은 단조롭지 않느냐고 질문을 하고 싶어진다. 싸움도 계속해서 자꾸 보고 있으면 같은 동작의 반복으로 단조로워지기 때문이다.

신은 지금쯤 무슨 계획을 짜고 있을까? 욕심이란 한도가 없다. 한 가지가 만족되면 또 다른 불만이 일어난다. 끝없는 욕심의 반복은 필경 신을 피로하게 만들 것이다. 그래서 신도 지금은 단념의 철학을 배웠을 것이다. 신은 전지전능하다고 한다. 새 발명에 두뇌가 부족할 리는 없다.

생각만 있으면 언제라도 새창조의 작업을 착수할 수 있다. 한데도 생물의 역사가 몇 억 년이 지난 오늘날까지 별다른 큰 변화가 없다. 신은 역시 지혜롭다. 우주 안의 싸움의 질서를 구경하면서 그것으로 마음의 평정을 얻고 있는 모양이다. 나서는 크고 커서는 죽고 죽은 놈은 다시 무엇으론가 변해서 또 나타나고 그러한 반복 속에서 우주는 영원한 윤회를 계속하고 있다. 신은 우주의 그 자치自治의 질서를 구경하고 있다.

어떻게 보면 우주란 영원히 변화도 없는 처음 그대로의 것뿐인 것 같고 어떻게 보면 잠시도 쉬지 않는 움직임의 연속 같기도 하다. 그러한 대작품의 창작에 성공한 신은 대체 이 작품을 왜 만들었을까? 말하자면 작품의 주제를 무엇에 두고 있을까? 사람은 높고 먼 거리에서 관찰하면 미물과도 같은 작은 존재에 불과하다. 그 작은 존재들이 도시를 만들고 길을 틔우고 하늘에다 인공위성을 쏜다.

신이 우리의 이 장난을 구경한다면 퍽도 재롱스럽게 생각할것이다. 그리고 신의 대창조의 의도를 알려는 우리의 노력을 눈치챈다면 어떻게 생각할까? 아마 그런 것을 생각하다가 신경쇠약이 될까봐 걱정을 할 것이다. 너희들은 왜 다른 생물처럼 맡겨진 숙명대로 자기를 향수享受하지 못하고 쓸데없이 지혜를 남용하느냐고 꾸중을 할 것이다. 그러나 아무래도 신은 이 우주를 만들다가 주제를 잃어버린 것만 같다.

슈베르트의 미완성곡처럼 완성에 이르지 못하고 중도에서 주제를 잃었을 것이다. 그렇지 않고서야 어째서 이 우주가 영원한 윤회만 계속하고 있을까? 클라이맥스도 없는 작품이란 그게 바로 주제가 없는 작품이 아닐까? 그런데도 이 모양 미완성인채로 완전한 건 또 무엇일까?

 신은 영원히 침묵하고 있다. 우리의 도전에도 반응이 없고 우리의 포기에도 애착이 없다. 그저 그대로 영원한 구경을 하고 있을 뿐이다.

(1969)

껌 씹는 맛

 대구에 간 일이 있다. K씨를 방문했다. 그는 최근 몇 달 동안 난치병을 앓고 있다. 내가 나타나자 의외라는 듯 반기면서 여윈 손을 내민다. 투실했던 옛날의 건강한 손은 간 곳 없고 나의 악력이 지나칠까봐 주저가 된다.
 평소에도 그는 사람을 만났을 때 환성을 올리거나 과장된 인사말을 하지 않은 조용한 성격이다. 그날도 악수뿐 말이 없다. 다리, 팔, 눈, 표정 어디에도 병마에 시달린 피로한 모습이다. 언제나 깔끔하게 몸단장을 하던 그였는데 입고 있는 복장에도 나태가 보인다. 세상 일에 무관심해진 모양이다.
 그러면서 나를 바라보는 눈에는 평소보다 더 따뜻한 정이 움직인다. 외로워지면 사람이 그리워지리라. 병에 걸렸던 처음은 방문객도 많았는데 지금은 발길도 끊어졌다고 한다.

나는 부질없는 질문인 줄 알면서 시간을 어떻게 보내느냐고 물어보았다. 그는 가벼운 미소를 입가에 흘리면서 "껌 씹는 맛으로 살아갑니다" 한다.

껌 씹는 맛이라, 평범한 말이지만 뜻이 담겼다. 그 말 속에 K씨의 마음과 동작이 다 표현된 것 같다. 나는 그 표현이 가시처럼 가슴에 걸린다. 하루하루가 그토록 무료하다는 뜻이리라.

K씨의 방 벽에는 예술사진이 몇 폭 걸려 있다. 그는 사진작가이다. 옛날의 화려했던 생활을 증언이라도 하듯 생기에 넘치고 있다.

방 구석에는 바둑을 두다가 둔 흔적이 있다. 가족과 바둑을 두는 것일까, 이웃집 사람이라도 와서 그와 시간을 보내주는 것일까. 이야기하는 것조차 피로해 보이는 그에게 많은 이야기를 시키고 싶지 않다.

나는 나의 주변에 일어나고 있는 대수롭지 않은 이야기를 들려주었다. 그는 말대꾸도 없이 고개를 끄덕이면서 가벼운 관심을 보낸다.

고장난 기계 같다고 할까. 기능이 좋게 돌아가던 자동차의 나사가 몇개 늦추어져버린 광경이다.

청년이라면 희망과 의지를 가지라고 권하고 싶다. 하지만 그는 껌 씹는 동작을 반복하고 있다. 무슨 이야기가 그의 귀에 새로우랴?

한참 후에 다시 한 번 악수를 하고 그의 집을 나왔다. 인간이 거쳐야 할 불행한 한 토막을 보고 나온 느낌이다. 걸음에 힘이 빠진다. 건강을 잃으면 다 잃는다는 말이 있다.

껌 씹는 동작은 K씨만의 생활이 아니다. 어쩌면 나 자신의 생활인지도 모른다. 노년이 되면 누구나 껌을 씹어야 한다. 삼사십 대까지만 해도 껌맛은 달고 쫄깃하다. 껌의 달콤한 맛으로 세상을 살아간다. 그러나 노년의 껌은 아무 맛도 없다. 그런데도 쭈걱쭈걱 씹어야 한다. 맛도 없는 껌을 왜 씹어야 할까. 반드시 버려야 할 이유가 없기 때문인지도 모른다. 무미無味속의 맛味! 반복 속에 있는 무미無味! 그것은 무無에서 와서 무로 돌아가는 건널목인지도 모른다.

40대 때, 어느 미술 전시회에 간 일이 있다. 여러 작품이 놓여 있었다. 돌아보다가 한 곳에 발길이 머물렀다. 마룻바닥을 하얗게 닦아놓고 그 옆에 걸레를 얹어두고 '선禪'이라고 제목을 붙여놓았다.

무슨 의미인가? 하고 있는데 작가 자신이 옆에 왔다. 이것 무슨 뜻입니까 하고 물어보았다. 그는 예사로운 표정으로 때가 묻은 마룻바닥을 하얗도록 닦자면 같은 동작이 얼마나 많이 반복되었겠습니까 한다. 말뜻을 알 것만 같았다. 그래서 선禪이로구나, 선禪의 경지를 다는 모른다. 하지만 닦고 닦아 마음의 바닥을 투명하게 만드는 과정이리라.

아직은 겨울이 가로수를 뒤흔들고 있다. 바람 속을 걸으면서 K씨의 껌 씹는 맛을 생각해 본다. 무료한 껌 씹는 맛은 K씨만의 것은 아니다.

 지우면 나오고 뽑으면 다시 돋는 여름의 풀 싹처럼 사람의 의식은 자신을 끝없이 괴롭힌다. 그 풀 싹을 잠재우는 작업이 껌 씹는 맛인지도 모른다.

(2006)

심판관

 화가 이중섭李仲燮은 돈이 없었다. 일본에서 살고 있는 아내를 만나기 위해 그림을 그렸다. 여비를 만들어야 했다. 바쁘게 그리느라 정성을 다하지 못했다. 어느날 그림을 사겠다는 사람이 찾아왔다. 바쁘게 그린 그 그림을 사겠다고 했다.
 손님은 돈을 치르고 돌아섰다. 이중섭은 미안했다. 손님은 모르는 일이지만 자신은 안다. 정성을 덜 들였다는 것을… 저만치 가고 있는 손님을 이중섭은 따라갔다. 가까이 가서 "다음에 걸작이 나오면 바꿔드리겠습니다." 손님은 무슨 뜻인지 잘 몰랐다. 이중섭은 부담이 되었던 것이다. 그런데 이중섭은 40세가 되자 세상을 떠났다. 손님과의 약속을 지키지 못했다.
 정치계는 요즘 선거 때문에 말도 많다. '물갈이'라는 말이 신문에 오르내린다. 오래 했으니 그만 나가라는 말도 있다.

그런데 못 나가겠다는 반발이 있다. 이때 심판관은 누구냐?의 문제가 있다.

이중섭은 자기 그림에 대해 자기 자신이 심판했다. 돈 때문에 그림을 그렸다는 것이 마음에 걸렸다. 그래서 보상을 약속했다. 죽음이 약속을 못 지키게는 했지만……

자진해서 정계를 떠나겠다는 사람이 요즘 상당수 있다. 신선한 충격을 준다. 정치가 중에도 그런 사람이 있었다는 감동이 온다. 물갈이를 당할까봐 알아서 하는 일일 수도 있다. 하지만 꼭 그렇게만 생각하고 싶지 않다. 용기가 있는 사람이다. 자기 자신을 바로 아는 사람이다. 자신뿐 아니라 주위를 볼 줄 아는 사람이다.

권력, 돈, 명예는 누구나 탐낸다. 그러나 그 세 가지는 오래 가지 않는다. 오래 가지 않는 줄 알면서도 계속 붙잡고 싶다. 그러는 동안에 그 세 가지는 때가 묻는다. 때가 묻으면 더럽다고 사람들이 욕한다. 적당한 시기에 놓았다면 얼마나 귀한 존재인가?

우리나라에서도 그 실례를 많이 보아왔다. 어떤 때에 손에서 놓아야 하느냐 그것은 지혜가 결정한다. 지혜가 어느쪽으로 움직이느냐에 따라 이익도 보고 손해도 본다. 그러나 더욱 현명한 지혜는 이익과 손해를 계산하지도 않는다.

(2004)

생긴대로 산다

 지하철 문을 들어서자, 빈자리가 여러 곳 있었다. 반가웠다. 마음에 여유가 생기고 어디에 앉아도 좋았다. 그러나 나는 굳이 '노인석'으로 갔다. 그곳에 가서 앉고 싶었다. 이유는 차가 만원이 되었을 대, 나 때문에 다른 사람이 하나 서야 한다.

 노인석에는 노인이 앉아야 한다는 상식을 일반 손님은 가지고 있다. 그래서 노인석이 비어있는 데도 젊은이는 앉지 않는다. 옆에 서서 그대로 가는 젊은이를 보았기 때문에 나는 일반석보다 노인석을 선택한다.

 차가 몇 정거장을 갔을 때 어느덧 만원이 되었다. 선 사람이 많아졌다. 그때 '노인석' 부근에 스님 한 사람이 서 있었다. 바라보니 50은 되어보였다. 스님의 나이는 점치기가 어렵다. 무심 공부를 많이 해서 童顔으로 늙는 사람이 있기 때문이다. 그때 노인석에 앉아 있는 나의 옆자리가 비어 있었다. 스님의 길다란 가사자락을 잡고 당겼다. 놀란 듯이 스님은 나를 내려다 보았다. '여기 앉으십시오' 하는 신호를 보냈다. 스님은 반가운 표정이 되면서 옆에 앉았다.

옆자리에 스님이나 수녀같은 소도자가 앉아 있으면 질문이 하고 싶어진다. 그들은 특수 지역에서 외로운 싸움을 하는 사람이다. 그들에게는 순수한 생각들이 머릿속에 또는 가슴속에 가득해 보인다.

나는 스님에게 질문을 던졌다. '스님께서는 어느 절에 계십니까?고……. 좀은 부질없는 질문이었다. 어느 절에 있든 그것이 그리 대단한 문제는 아니었다. 하지만 먼저 상대편과의 말문을 열어야 한다. 그는 정중한 자세가 되면서 무슨 말인가를 했다. 그러나 잘 들리지않았다. 그에게 책임이 있지 않고 나에게 책임이 있었다. 70을 넘긴 나는 귀가 때로 말을 듣지않는다. 다시 묻기가 싫어서 들은 체하고 다음 질문을 던졌다.

"스님께서는 수도의 목표를 무엇에 두고 계십니까?" 하였다. 그랬더니 얼른 대답을 하지않는다. 생각을 정리하는 것 같았다. 나는 나의 질문이 너무 막연했다는 것을 느끼고 다시 물었다.

"스님은 속세의 사람이 아닌, 다른 어떤 인간형을 목표로 하고 있는 것 아니겠습니까. 그 인간형을 알고 싶습니다." 그랬더니 스님에게서 곧 대답이 나왔다. "어린아이의 표정과 마음을 목표로 공부하고 있습니다." 의외의 대답이었다. 너무 쉽다고 할까, 단순하다고 할까.

"겨우 그런 목표입니까?" 나는 추궁이라도 하듯 불만스러운 질문을 또 했다.

"그건 너무 단순하지 않습니까?" 더 깊은 불도의 진리를 나는 듣고 싶었다. 그는 가만히 있었다. 나의 질문에 기가 찼는지도 모른다. 아니면 이 무식한 노인에게 무슨 말을 해서 알아듣게 할까를 생각했는지 모른다. 한동안 기차의 바퀴소리만 와르륵 와르륵 들렸다. 나도 다른 것을 생각하고 있었다. 더 구체적인 말이 나오게 하고 싶었다. 그런데 스님이 입을 열었다.

"어린아이에게는 아무것도 없습니다. 배고프면 먹고, 필요하면 조르고, 그러다가 자고 싶으면 자고, 생긴 그대로 살아갑니다. 중도 그렇게 살아가기를 목표로 하고 있다는 말입니다."

스님은 그것을 생각하느라고 시간을 보낸 모양이다. 생각 없이 살아가는 것, 생긴 그대로 살아가는 것…… 그러나 어린아이뿐 아니라 대부분의 사람이 그렇게 살아가고 있는 것 아닌가 하는 의문이 또 왔다. 어린아이와 같은 마음, 그 정체를 더 알고 싶었다.

"생긴 대로 산다는 것이 무엇인지 이해가 가지않습니다. 좀더 구체적으로 이야기해 주십시오" 했더니 스님은 또 입을 다물고 가만히 있다. 나 때문에 고역을 치르고 있었다. 그때 스님은 바쁘게 차창밖을 내다보더니 벌떡 일어났다. 목표 지점에 온 모양이다. 서서 나를 향해 공손히 합장을 한다. 나는 나도 모르게 같이 일어섰다. 그의 합장이 미안했던 것이다. 악수가 나올 뻔했다. 그러나 얼른 고개만 깊게 숙였다. "안녕히 가십시오." 인삿말을 건네고 제자리에 앉았다. 스님이 떠난 후, 나는 그에게 너무 부담을 주었다는 생각을 했다. 그리고 그가 남겨놓은 어린아이의 마음에 대해서 더 생각해 보았다.

'생긴 대로 산다는 것'을 알자면 그 반대의 사람을 알아야 한다. 그러자 나 자신이 먼저 생각났다. 나는 생긴 대로 살지 못하고 있다. 온갖 지식과 온갖 생각이 속에 들끓고 있다. 그것을 잠재우지 못하고 오히려 따라가고 있다. 아침에 일어나면 오늘은 무엇을 할까를 생각한다. 어떻게 하면 하루를 유효하고 재미있게 보낼까를 궁리한다. 그러다가 욕심에 차지않으면 방안에서 그냥 뒹군다. 뒹굴다가 싫증이 나면 옷을 챙겨 입고 지하철이라도 탄다.

'무심 공부가 최고의 약이란 말을 많이 듣지만 그것도 쉽지 않다. 어린아이의 마음이 되는 것, 그러나 지금은 어린아이가 아니다. 이미 무엇인가가 마음안에 많이 들어가 있다. 그것들과 싸우는 것이 현재의 나다.'

그날 스님과 더 이야기할 시간이 있었다면 나는그에게 어린아이를 닮는 방법을 물었으리라. 그 방법이 내게는 지금 절실하다.

(2003)

미완성 완료형

지하철 옆자리에 앉은 스님은 건강했다. 통나무 등걸처럼 앉아서 옆도 보지 않았다. 나는 말을 걸었다.

"옆에 앉게 되어 반갑습니다. 스님은 몇 년이나 수도 생활을 하셨습니까?"

"20년이 좀 넘었습니다."

"죄송합니다만 그동안 수도의 목표를 무엇에 두고 살아왔습니까?"

당돌하다는 생각이 났지만 평소에 느낀 그대로였다. 그는 쉽게 대답했다.

"어린 아이를 닮고 싶었습니다."

내겐 어려운 대답이다. 나는 다시 물었다.

"어린 아이의 무엇을 닮고 싶었습니까?"

스님은 잠시 생각하다가 밖을 내다보더니, "목적지에 다 왔습니다"하고 벌떡 일어서서 내게 공손히 합장을 한다. 얼결에 나는 오른손을 쑥 내밀었다. 합장은 하기 싫었다. 스님은 답례도 없이 바쁘게 나가 버렸다. 스님이 나간 뒤에 그의 말이 장기간 가슴에 걸려 있었다.

　어느 날 친척되는 장년이 설악산에서 살았던 옛 이야기를 했다. 그는 그곳 절〔寺〕에서 주차장 관리를 했고 주차비를 받아 절에 내었다. 그러는 사이 스님과 자주 만났고 이렁저렁 불교에 대한 의문도 생겼다. 듣고 있던 스님이 하루는 이웃 산 속에 있는 큰 절의 큰스님을 찾아가 보라고 했다. 작정하고 하루 낮을 소비해서 그 절을 찾아갔다. "큰스님을 만나 뵈러 왔습니다" 했더니, "그런 사람 만날 이유가 없다"면서 거절당했다.

　이틀 밤을 잤다. 다른 스님이 오더니, "왜 돌아가시지 않습니까?"고 물었다. "큰스님을 만나 뵙기 전에는 돌아가지 않겠습니다"하고 고집을 부렸다. 그 다음날 밤, 큰스님이 장년의 방에 왔다.

　"아무개의 소개로 왔다니까 만나야겠습니다. 이유가 무엇입니까?"

　"큰스님께서는 수도의 목표를 무엇에 두고 계십니까?"

　성급한 질문인 줄 알면서 더 할 말이 없었다. 큰스님은 대수롭지 않은 어조로 대답했다.

"죽은 뒤에 다시는 인연에 얽히지 않기 위해서입니다."
다음 질문이 있느냐고 물었지만 장년은 말이 나오지 않았다. 큰스님은 용무가 끝난 듯 말없이 나가 버렸다.

때때로 나는 두 스님의 말을 생각한다. 이제 노경도 깊은 곳에 와있는 나는 그런 생각조차 그만두어야겠다는 체념을 하고 있다. 그런데도 그 체념조차 쉽지 않다. 인간은 왜 살아야 하느냐는 문제보다 '어떻게 살아야 하느냐'가 항상 과제로 따라다닌다.

어느 날 서점에 갔다가 오쇼 라즈니쉬가 쓴 《365일》을 샀다. 그의 책을 다른 때도 읽은 일이 있지만, 할 일이 없는 노년이라 산책 아니면 책 읽기가 그날그날의 작업이다.

읽어 가다가 문득문득 멈춰지는 곳이 나왔다. 그는 존재가 이 세상 만물의 씨앗이라 했다. 해도 달도 사람도, 곤충도 나무와 돌까지도 존재에서 생명을 얻고 싹을 얻는다고 했다. 그 존재를 사람들은 대부분 잊고 산단다. 존재를 깨달을 때 비로소 인간에게는 고통도 비극도 생사生死도 없어진다고 했다. 존재를 어떻게 얻느냐? 그는 365일 동안 그것에 관한 한 가지 이야기만 하고 있었다. 어느덧 나는 빨려들어 갔다.

그는 특정한 종교를 넘어서라고 했다. 그것에 묶이면 전체를 잃는다고 하고 있었다. 사람은 존재와 연결이 될 때, 새로운 자기로 태어난다. 그때 평안이 오고 기쁨이 오고 어둠이 사라진다고 말했다. 어둠! 그것이 인간에겐 항상 문제가 아닌가? 인간이 무엇이냐, 왜 사느냐? 죽음은 무엇이냐? 따위가 다 어둠에 속한다. 생각하는 사람일수록 어둠에서 벗어나기가 어렵다.

라즈니쉬는 그 방법으로 자기를 포함해서 우주를 하나로 끌어안으라고 했다. 끌어안고 그것들과 사랑을 나누어야 한다. 나는 감명을 받았다. 어떻게 사랑하느냐에 문제가 있었다. 나는 일체감을 생각했다.

어머니의 품에 깊게 안긴 아이는 일체감 속에 있다. 남자와 여자의 포옹은 일체감의 극치이다. 우주와의 일체감은 가능한 것인가? 라즈니쉬는 그 방법을 여러 가지로 제시하고 있었다. 꽃 피는 봄날 꽃과 대화를 나누고, 물이 흐르면 물과 함께 흘러가라. 머리로 흐르지 말고, 가슴과 몸으로 흘러라. 그러면 어느덧 존재가 내 속에 들어온다. 말없이 어느덧 오는 존재, 그가 곧 나이고 내가 곧 그이다. 존재와 내가 연결될 때, 세계는 내가 되고, 나는 세계가 된다. 그때 고통과 어둠이 끼어들 틈이 없어진다. 오직 있는 것은, 해가 뜨고, 달이 지고, 꽃이 피고, 낙엽이 지고 하면서 돌고 도는 전체가 있을 뿐이다. 그 전체가 나라면 그곳에 무슨 생生이 있고 사死가 있겠느냐?

그는 극히 일부의 인내심 있는 사람만이 존재를 찾는 사람이 된다고 했다. 그 말이 나를 멈추게 한다. 나는 극히 적은 일부가 될 자격이 없기 때문이다.

하지만 어차피 인생은 미완성 완료형이다. 미완성이 곧 완성이라고 큰소리치지만 그 사실을 누가 이기랴?

그렇다면 세계에 취하고, 해와 달에 취하고, 인생에 취하는 일에도 미완성이 있을 수 있다. 그것 또한 마음 편한 일이겠다는 생각을 나는 요즘 하고 있다.

(2006)

분노

이사를 하면 누구든지 집 주위의 환경이 궁금하다. 이튿날 아침 나는 뒷짐을 지고 집을 나선다. 길게 뻗은 골짜기 마을이 보였다. 다닥다닥 붙은 길가의 가게와 주택 사이를 지나 동네가 끝날 지점에 있는 초등학교에 이르렀다. 학교의 교지를 물색하다가 이미 들어선 건물을 피하느라 골짜기에 학교를 세운 것이리라.

나는 학교 교문으로 들어가 좁으면서도 넓게 보이는 운동장을 한 바퀴 돌았다. 협곡 속의 여백 같은 운동장에 호감이 갔다. 장차 그곳이 나의 산책지가 되겠다는 감상에 젖어 하늘도 보고 주위의 산봉우리도 바라보았다.

운동장에서 나와 더 들어간 골짜기가 있었다. 거기 판자집 같은 허술한 주택이 20채 가량 무질서하게 마을을 이루고 있었다, 마을 입구로 발을 옮겨 갔을 때 깜짝 놀랐다. 송아지만 한 큰 개가 왕! 하고 내달았던 것이다. 나는 개를 무서워한다. 주춤 서 버렸다. 개는 상을 찡그리고 덤벼들면서 다시 왕왕! 짖어댔다. 바쁘게 발밑을 더듬어 돌 한개를 집어들었다. 시위용이었다. 개는 더욱 짖어댔다. 그런데 허술한 대문안 마당가 여기저기에서 다른 개가 작은 판자집에서 나타났다. 그들은 합동작전을 개시한 듯 마구 짖어댔다. 모두가 분노에 찬 얼굴이었다. 재산을 지키기 위한 개들로는 보이지 않았다. 설사 재산을 지킨다 해도 나에게 그토록 강한 분노를 표현할 이유가 없다. 나는 거지꼴도 아니고, 도둑놈도 아니다. 더 나아갈 수가 없었다. 동네 안의 여기저기에서 개소리가 요란해졌다. 먼 곳에서 바라본 골짜기의 동네는 안온한 평화로 차 있었는데 나는 후퇴를 결정했다. 들었던 돌을 땅바닥에 던지고 개에게 손을 들고 나오는 패배자가 되어 힘없이 되돌아섰다. 돌아오면서 사람보다 개가 더 많은 동네, 하는 생각을 했다.

그런데 신의 의도에 의문이 생겼다. 개는 왜 짖느냐이다. 낯선 사람을 만나면 한사코 짖는 개의 목적은 무엇이냐? 재산을 지키겠다는 사명감이 아니라면 무엇 때문인가? 신의 의도? 그 엄청난 질문이 또 일어나기 시작했다. 두더지는 왜 해를 못 보고 땅속만 다니고 있느냐? 공작은 날개가 너무 커서 날지도 못한다. 사람에게는 생각의 능력을 너무 주어서 그 생각 때문에 고통까지 받아야 한다.

어느 불교 신도가 절에 갔다가 스님에게 "사람은 왜 사는 것입니까?"고 물었다. 스님은 서슴치 않고 "그것 알아서 무엇 하렵니까?"고 대답했단다. 책에서 읽고 나는 무릎을 쳤다. 속 시원한 대답으로 생각했다. 생각을 일으킬 줄은 알면서 그 대답은 못 찾는 사람의 능력, 마침내 인간은 고층건물을 만들고 공중에 비행기를 떠올리고 컴퓨터를 만들어서 온갖 놀이에 열중한다.

대구에서 살고 있을 때 나는 등산단체의 일원이 되어 어느 날 팔공산에 올랐다. 천 미터가 넘는 높은 산이다. 산정의 너른 바위에 앉아 하늘을 바라보고 있는데 노출된 왼쪽 팔뚝이 근질근질해 왔다. 보니까 왕개미 한 마리가 기어오르고 있었다. 나는 놀라면서 오른손으로 후다닥 털었다. 개미는 바위 아래에 떨어져서 방황했다. 오직 더듬이만을 의지하는 것 같았다. 그것을 바라보면서 '개미는 편하겠다.'를 나는 생각했다. 팔뚝이 있었으니 기어올라갔고 털었으니 떨어지고, 그러다가 죽는다 해도 그것뿐, 나는 무엇이냐, 왜 사느냐, 왜 죽느냐 따위를 생각하지 않는다.

인간에게 종교는 왜 있느냐? 다른 이유도 있겠지만 마음을 비우기 위해서라고 나는 말하고 싶다. 어떤 종교든 어떤 종교 지도자든 마음 비우기를 지극히 권한다. 그 빈 곳에 신의 자리가 있다고 말한다. 신이 부여한 생각의 능력을 버리라고 권하는 종교는 그래서 오히려 신의 의도를 배반하고 있다.

개에게 짖는 능력을 주었듯이 사람에게는 생각의 능력을 주었다. 왜 주었느냐를 물어볼 곳도 없다. 서울시라는 거대한 도시를 만들고 한강철교를 만들고 총과 대포와 군함을 만들어서 사람 죽이기를 연구한다. 그것들이 모두 생각 때문이다. 생각은 행복보다 고통을 더 만든다. 그렇다 해도 어쩌지도 못하는 인간의 한계, 그래서 어떤 종교는 무無로 돌아가라고 권한다. 있는 것도 없고 없는 것도 없다는 깊은 진리를 제시하지만 몇 사람이 그 진리에 도달해서 '인생은 즐겁다'고 말할 수 있으랴.

나는 골짜기에서 다 내려왔다. 늦은 아침이 되었다. 사람들은 바쁘게 일터로 간다. 자동차는 몸을 비집으면서 누가 먼저 빠지느냐에만 신경을 쓰고 있다. 평화로 가득 차 보이던 골짜기 마을에서 개에게 쫓겨 나온 나는 자동차와 사람 속에 끼여든다. 나에게는 평화가 없다. 평화를 찾아갔다가 평화를 잃고 나오는 나는 무엇이냐? 이런 생각, 안하기로 했으면서 또 시작하는 나를 통째로 삼키면서 이사온 집 아파트의 길 모롱이를 돈다.

(2005)

인간의 벗

 사람과 촌수가 가까운 동물을 들라면 나는 개와 닭을 말하고 싶다. 참새도 있고 소와 토끼도 있지만 그들과는 감정까지 교환하기는 어렵다. 외출을 했다가 집에 돌아오면 개는 껑충껑충 뛰면서 무조건 좋아한다. 흙 묻은 발로 옷을 긁는 개를 향해 '이놈' 하고 소리지르거나 아니면 발로 걷어차도 동작을 중지하지 않는다. 무조건인 것이다. 닭은 어떤가?

 닭장 가까이 가서 빈손인 채 입으로만 '구구구' 하면 저쪽 끝에 있다가도 우루루 모여든다. 왔다가 상대가 빈손을 털고 있으면 섭섭한 듯 제자리로 돌아간다.

 개는 짖어서 집을 지키고 닭은 울어서 농촌의 운치를 돋운다. 어릴 때 우리집에는 두 가지가 다 있었다. 이웃집의 사람 친구보다 그들을 더 좋아했다.

암탉은 하루 한 번씩 둥우리 속에 들어가서 가만히 있다 갑자기 꼬꼬댁 하면서 일어설 때는 배에서 알이 빠질 때이다. '알을 낳았습니다' 하는 보고가 아니고 갑자기 나오는 알의 낙하에 스스로가 놀라는 순진이 울음으로 변하는 것이다. 그 알이 모이면 날개 속에 품어서 새끼를 깐다. 동물의 새끼는 다 귀엽다고 하는데 병아리만큼 귀여운 동물의 새끼는 없다. 노오란 입, 보송보송한 털, 그 작은 입으로 삐약삐약 하는 울음은 어떤가. 귀여움의 극치이다. 그리하여 한 달쯤 크면 수놈은 서툰 목청을 돋구어 끼어끼어 울음을 뽑는다. 그 서툰 솜씨를 보고 있으면 뱃속까지 웃음이 만들어진다.

  나는 닭싸움을 좋아했다. 장닭에게 고추장을 먹이면 힘이 세다 해서 입을 벌리고 고추장을 입안에 가득 집어넣었다. 그래선지 이웃집에서 우리집 장닭을 당할 놈이 없었다. 품안에 끌어안고 다니면서 동네의 장닭을 찾다가 상대를 만나면 안았던 닭을 슬쩍 놓는다. 처음은 의기양양하게 서로 시위를 한다. 권투를 시작할 때 사람모양 주먹을 내두르면서 폼을 재는 동작을 가진다. 그러다가 후다닥 싸움이 붙으면 입으로는 서로 물어뜯고 발로는 상대를 걷어찬다. 그 동작이 너무 재미있다. 그러다가 자신을 잃으면 슬그머니 꼬리를 낮추고 도망을 친다. 닭 사이에도 예의가 있는 모양이다. 도망가는 놈을 끝까지 추격하지는 않는다. 가는 놈을 향해서 후둑후둑 날개를 몇 번 치고는 고성으로 노래를 부르는 것이다. 이겼다는 신호이다. 그것뿐 다음부터는 진 놈이 철저히 이긴 놈에게 복종한다. 암탉을 차지할 권리까지 포기한다.

어떤 때 암탉이 가까이 있으면 장닭은 멋을 부린다. 발로 날개를 후둑후둑 걷어차면서 암탉에게 구애를 한다. 그러면 암탉은 아무 말 없이 다소곳이 자리를 낮춘다. 순응의 자세인 것이다. 장닭의 위세는 사람 사회와 비슷하다. '장닭사랑'이라는 말이 있다. 먹을 것이 있으면 큰소리로 꾸꾸꾸 소리를 내서 암탉을 부르다가 가까이 오면 제가 집어먹어 버리는 것이다. 속까지 사랑한다기보다 사랑하는 척하는 위세만 보이는 장닭사랑은 사람에게도 있다. 그것은 위선이라기보다 본능이라고 해야 되리라.

닭은 노래로서 농촌을 꾸미고 개는 컹컹 하는 울부짖음으로 농촌을 지킨다. 사람이 아니면서 사람처럼 사랑을 받는 두 동물은 영원한 인간의 벗인것이다.

(1993)

편입시험을 친 여학생

 낮잠에서 깨어났다. 나른하다. 거실로 나가 창 밖을 본다. 길과 집과 쏘다니는 자동차가 모두 나른하다. 산책을 할까 책을 읽을까 등산을 할까, 아니면 버스를 타고 나가 지하철을 돌까 하다가 책꽂이 주위에서 사진첩을 발견한다. 나른함을 이기기 위해 전환이 필요하다.
 두 권 포개어 있는 사진첩 하나를 들고 의자에 돌아온다. 한 장 한 장 넘기는데 40년 전에 찍은 졸업 사진이 나온다. 낡아서 채색이 희미하다. 그때 나는 30대 초반이었다. 학생 수가 40명이었다. 야간중학교의 중3 국어를 한동안 담당했었다.
 어느 날 밤, 출근을 하니까 교무과장이 여학생 하나를 내 옆으로 데리고 와서 "3학년 편입학을 하겠답니다. 국어 실력만 시험해 보고 조치합시다" 하는 것이었다. 3학년 국어책을 그의 앞에 돌려놓고 여기저기 넘기면서 어려운 낱말 몇 개를 물어 보았다. 그는 순순히 대답했다. 나는 교무과장을 향해 "갑종 합격입니다"고 소리를 질렀다. 여학생은 나이가 많아 보였다. 그래도 물어보지는 않았다. 내가 할 일이 아니었다. 여학생은 밝은 얼굴로 돌아갔다.

며칠 후 여학생은 국어 시간에 처음 들어왔다. 그런데 지각을 했다. 허리를 굽히고 고양이 모양 가만가만 제자리로 갔다. 처음부터 지각을 한다? 하는 감정이 왔지만 그런 일도 내가 간여할 일이 아니었다. 그 뒤에도 항상 지각이었다. 아니면 결석이었다.

3개월쯤 지나갔을 때 수업을 끝내고 나는 자유의 몸이 되어 전등불이 켜진 운동장을 지나 교문을 나가고 있었다. 옆에 학생 하나가 접근해 왔다. 바로 그 여학생이었다.

"선생님! 드릴 말씀이 있습니다" 하는 것이었다. 나는 아무 말도 않고 그를 돌아보기만 했다."

"지각하는 이유를 말씀드리려 합니다."

그 말에 나는 긴장되었다. 궁금한 일이기도 했다.

그는 학교 가까이 있는 ○○내과의원의 간호사였다. 원장님께 허락을 받아 학교에 나오기는 해도 늦게 오는 환자가 있으면, 지각 아니면 결석을 해야 한단다. 키가 작고 동그란 얼굴에 눈동자가 유난히 검고 컸다. 나이는 스무 살이라고 깨놓았다. 야간중학교는 연령을 가리지 않는다. 나는 그 날 "지금

연령에 직업도 있으면서 굳이 야간학교에 다녀야 할 이유가 무엇이냐?"고 물었다. 그는 졸업장이 없으면 고등학교에 갈 수 없고, 장차 간호고등학교를 졸업해서 서독에 가고 싶다고 말했다. 그때는 서독에 가는 간호사가 많았다. 그는 계속 따라오면서 "한 가지 더 이야기 할 것이 있다"고 했다.

육이오 직후여서 본 교사가 불타 버리고 그 자리에 판잣집 교실을 몇 채 세워놓고 수업을 하던 시절이었다. 가교사 바로 뒤에 딱 붙어서 가지가 많은 벚나무 하나가 서 있었다.
"선생님, 결석하는 날은 교실 뒤의 벚나무에 올라가서 선생님 수업을 받습니다. 필기는 못하고 귀로만 듣습니다."
지각이 너무 많이 되었을 때는 미안해서 교실에 들어갈 수가 없었다는 것이다. 스무 살을 먹은 처녀가 밤에 나무 위에 올라가서 수업을 받는다는 말에 나는 충격을 받았다.
그는 그 날 많은 이야기를 했다. 2년 전에 3학년까지 다니다가 중단했다는 말도 했다. 내과의원의 원장이 너무 엄격해서 못 다니게 했단다. 아기 환자가 입원해서 퇴원하는 날은 아기 손을 잡고 울어야 하는 이야기도 했다. 그만큼 그는 다정다감했다.

졸업 사진을 차근차근 더듬었다. 맨 앞줄에 눈이 동그란 그의 얼굴이 나왔다. 남녀 공학이었다. 키 큰 남학생은 뒷줄에 어른처럼 우뚝우뚝 솟아 있었다. 지금은 몇 살쯤 되었을까.

나의 나이에 정비례한다면 70에 육박한다. 살아 있을까. 지금도 캐나다에서 살고 있을까, 아니면 한국에 돌아왔을까.

그는 A시의 야간중학교를 졸업하고 서울의 야간 간호고등학교로 진학했다. 그 길밖에는 방법이 없었다. 주간에는 병원의 간호사를 해야 했으니까. 3년 후 그는 소원대로 서독 간호사를 희망해서 한국을 떠났다.

서독에 가서도 계속 편지가 왔다. 그는 편지를 보내는 이유가 '갑종 합격' 때문이라고 언젠가 썼다. '을종'도 아니고 '갑종'이라는 표현이 우습고 반가웠다는 것이다. 말 한 마디가 그의 꽁무니를 따라다닌 셈이다.

사진첩 한 권을 다 넘겼다. 한 생애의 역사가 여기저기에서 얼굴을 내밀었다. 시계를 쳐다보니 오후 다섯 시를 가리키고 있다. 산책도 안 되고 등산도 안 되고 지하철도 타기 싫다. 그 사이 전환이 된 것이다.

서독에서의 의무 연한 2년을 끝내고 캐나다로 떠난다는 편지가 마지막이었다. 그 뒤는 왜 편지를 끊었을까. 서독 청년과 결혼을 했는지, 아니면 캐나다의 남자와 결혼을 했는지 모두가 세월 속에 묻혀서 말이 없다.

(2003)

나뭇잎

　어느 계절이 제일 좋으냐고 물으면 나는 당연히 첫봄이라고 대답한다. 하늘 끝까지 겨울바람이 부는데도 그 속을 뚫고 피부에 와 닿는 봄의 감촉, 그것이 내겐 가장 반가운 손님이다. 그러나 첫봄뿐이랴? 계절의 전환기는 모두 반갑다.
　여름의 뜨거운 볕이 아직 남아 있는 데도 나무 잎에는 이미 가을의 표정이 와서 머문다. 반짝 하는 가을 기운이다. 그때가 8월 15일 전후가 된다.
　사랑도 첫사랑이 좋듯이 계절의 전환도 첫머리가 제일 좋다. 그러나 겨울이 오는 표정은 반갑지 않다. 인생의 겨울을 싫어하듯이 계절의 겨울도 죽음을 가져오기 때문이다.
　나는 이십대를 조금 넘었을 때 늦가을을 많이 싫어했다. 우수수 떨어지는 낙엽을 보면서 나 자신을 느꼈기 때문이다. 인생이 무엇이냐의 질문에 부딪혔을 때도 그때였다. 푸른 여름이 가고 가을이 오면 전환의 환희를 느끼다가도 된서리가 내려 잎줄기가 한거번에 폭삭 사망을 당한 광경을 보고 있으면 원자폭탄을 맞은 도시가 연상된다.

생명에는 종말이 있다는 것을 알면서도 인생의 끝은 싫어했다. 소멸의 순리를 눈앞에 보면서도 나의 소멸을 시인하기 싫었다.

어느 철학가의 수필을 읽고 나는 그때 지팡이를 얻었다. 낙엽은 지지만 나무 둥치는 남는다는 말이었다. 그렇다! 남아 있는 둥치를 나는 보지 못했던 것이다.

그러나 회의는 끝나지 않았다. 둥치도 100년 200년이 지나가면 소멸된다는 사실이었다.

둥치 다음에는 무엇이 있느냐에 또 집착하기 시작했다. 둥치를 고이고 있던 뿌리가 없어졌을 때 그 아래에는 무엇이 있느냐? 무無뿐이다. 흙 아니면 물이 가득하리라. 그 아래로 아래로 다시 내려갔을 때 지구는 끝에 이르고 허허한 공간이 나타난다.

다시 공간을 갔다고 하자. 끝도 없는 공간과 공간의 연속이 있고, 때때로 다른 천체가 나타난다. 우주는 온통 구멍 투성이가 아닌가. 그 속에서 방황하는 나를 발견했을 때 어느덧 허무주의자가 되고 있었다. 그 허무주의를 부추겨 주는 존재가 한 해 한번씩 오는 늦가을이었다. 내가 곧 낙엽이었던 것이다.

　어떤 사람은 낙엽을 보면서 지난날의 연인을 생각한다. 그리움이 그 속에서 날갯짓을 하기 때문이다. 눈이 오는 겨울이 오면 백설을 밟으면서 추억 속에 잠긴다. 낭만은 누구나 체험한다. 나인들 왜 낭만이 없으랴마는 무거운 회의가 언제나 낭만 옆에서 눈짓을 한다.

　그러나 지금은 다르다. 나는 80고개에 올라섰다. 수없는 인생의 되새김 속에서 두 개의 나를 발견하고 있다. 하나는 모목母木에서 떨어지는 한잎 한잎이 낙엽이라면, 다른 하나는 모목 자체이다. 하늘과 별과 허공이다. 땅과 하늘이 하나이고 비둘기와 나무가 하나이고 지구와 별이 하나이다. 그 하나 속에 내가 있다는 사실이다. 그래서 때때로 '내가 곧 우주이다'를 생각한다.

　길을 걷다가도 '나는 지금 우주를 걷고 있다'를 실감한다. 하지만 그 우주 속에서 한 잎의 낙엽으로 돌아갈 때가 많다. 곧 나의 개체로 회귀하는 시간이다. 그리하여 대부분의 인간은 두개의 인간으로 현재를 살아가고 있다.

(2005)

3부

하나가 된다는 것
스님의 말
힘과 힘
해질무렵
느리게 살기
흐리멍덩
우주宇宙로 열리는 문門
소박한 의문
신비주의자
고락苦樂

하나가 된다는 것

오후 5시가 넘어 제주행 비행기를 탔다. 일행의 사이에 끼여 한발 한발 비행기 안으로 들어가고 있으니 가슴이 뛰었다. 허공을 날아간다는 흥분 때문이었다. 이륙을 하더니 비행기는 서서히 상승의 자세가 된다. 작은 창구멍으로 내다보니 구름이 꽉 덮여서 먼 곳은 보이지 않는다.

출발 전에 집에서 공항에 전화를 걸었다. '날씨가 이래도 떠납니까? 했더니 '아직은 어떤 지시도 없습니다' 나와보라는 것이었다. 그날 제주도에는 폭우도 오고 번개도 치고 있다는 예보가 있었다.

50분이면 제주에 도착한다고 알고 있었는데 45분쯤 되자 방송이 나왔다. '곧 착륙하겠습니다' 그런데 비행기는 예고뿐 그대로 상공을 빙빙 돌고 있다. 또 방송이 나왔다. '해무 때문에 좀 기다려야 되겠습니다' 해무海霧소리를 나는 그때 처음 들었다. 제주 앞바다에 짙은 안개가 끼었다. 천기예보 생각이 났다. 폭우가 쏟아진다 해도 비행기 안에서는 전혀 알 길이 없다. 창구멍에 절로 눈이 갔다. 뿌연 안개뿐, 아무것도 보이지 않는다. 2,30분 동안 비행기는 그냥 돌고 있었다. 방송이 나왔다. '착륙이 안 됩니다. 서울로 회항합니다' 갑자기 기내에 긴장이 돈다. 나도 그랬다. 침묵이 흐른다. 겁에 질린 모양이다. 창구멍으로 다시 눈이 간다. 아무것도 보이지 않는다.

항공사는 이런 때 무엇으로 앞을 보랴? 나도 모르게 각오가 왔다. 만약 비행기가 곤두박질을 친다면 옆에 있는 이 여인을 힘껏 껴안으리라. "무섭지?" 하고 물어 보았다. "아니오" 한다. 무엇을 믿는 것일까?

TV의 장면이 지나갔다. 두 비행기가 공중에서 충돌해서 부서져 내린 장면, 산에 비행기가 부딪혀서 산산조각이 난 장면… 그러나 불길한 생각을 하지 말아야지, 20분쯤 흘렀을까 또 방송이 나왔다. '다시 제주로 회항합니다' 그제서야 말소리가 주렁주렁 일어난다. 나는 또 옆의 여인에게 "무슨 생각을 했지?"라고 물어 보았다. 둘이 같이 죽으면 되겠다는 생각을 했단다. '나도 그랬어' 이상한 일이다. 같이 죽는다는 생각이 일치했다.

혼자 죽는다는 것, 그것이 두렵고 싫은 모양이다. 하나가 되는것, 하나님과 하나가 되고, 부처님과 하나가 되고, 전쟁 때는 폭탄 속에서 하나가 된다.

(2003)

스님의 말

 지하철 객실에 앉아 있는 사람은 잠시 동안이지만 한 가족으로 느껴질 때가 있다. 가정에 할아버지, 청년, 어머니, 어린이가 있듯이……. 가까우면서도 먼 사이들, 입을 다물고 있으면 영원한 남이고, 옆사람에게 이야기를 걸면 곧 이웃이 된다.
 그 날도 나는 지하철 의자에 앉아서 맞은 편에 있는 어린아이에게 관심을 보내고 있었다. 왼쪽에는 어머니, 오른쪽에는 낯선 할아버지가 있었다. 어린아이는 어머니 쪽에 몸을 기대고 할아버지의 얼굴을 열심히 본다. 할아버지의 백발이 이상한 모양이다. 자기집에는 그러한 할아버지가 없는데?…… 그것을 의식하는 할아버지는 아이에게 가끔 손을 뻗는다. 그러면 놀란 듯이 어머니 쪽으로 고개를 돌렸다가 잠시후 또 할아버지를 본다. 그런 동작에 대해서 어머니는 무표정이다.

아이는 가끔 얇은 바지 속에 손을 넣어 만지작거린다. 고추를 만지는 모양이다. 습관이리라. 장차 고놈이 무엇에 쓰이느냐에 대해서는 전혀 무식이다. 눈동자가 반짝일 때마다. 구슬이 구르는 것 같다. 탱탱한 팔과 다리, 본대로 행동하고 느낀 대로 반응한다.

그것을 바라보고 있는 나는 어느 날 옆자리에 앉아 있던 남자스님의 말을 기억해낸다. 스님에게 이런 질문을 던졌다.

"스님께서는 수도의 목표를 무엇에 두고 계십니까?"
고…….

질문이 당돌했는지 그는 곧 대답하지 않았다. 아니면 이 무식한 노인에게 무슨 말로 대답해야 알아 들을 수 있을까를 생각했는지 모른다. 한참 후에

"어린 아이를 닮으려고 합니다."

그의 대답은 너무 단순했다. 까짓것 대답쯤은 누구나 하겠다는 생각을 하면서 다시 물었다.

"어린 아이에게서 무엇을 얻으려고 하십니까?"

스님은 또 생각하는 것 같더니

"아무 것도 없는 것을 얻으려고 합니다."

하는 것이었다. 점점 더 어려운 대답이다. '아무 것도 없는 것?' 그것이 무엇일까고 생각하고 있는데 스님은 벌쩍 일어섰다. 목적지에 온 모양이다. 내게 공손히 합장을 하고는 열차 밖으로 나갔다. 나간 뒤에 나는 생각을 계속했다. '아무

것도 없는 것'에 대해서…….

 맞은 편을 보니까 그 사이 어린 아이가 내려버리고 없다. 백발의 할아버지만 혼자 나무등걸 모양 앉아 있다.
 나는, 스님의 말을 기억하면서 나가버린 어린 아이와 나를 비교해 보았다. 나는 어른이고, 그는 아이이다. 나는 세상을 살면서 이것저것을 알 만큼 알아버렸다. 죽는 것도 알고 사는 것도 안다. 한때는 '나는 누구냐?'를 두고 고민한 때도 있었다. 앞으로 10년 20년 지나가면 이 세상에 흔적도 없는 존재가 된다는 것도 안다.
 그런데 아이는 내일을 모른다. 지나간 과거도 모른다. 오직 현재를 알 뿐이다. 그것을 스님은 '아무것도 모르는 것'이라고 표현했는지 모른다. 할아버지와 어머니 사이에서 고추를 만지면서도 그 고추가 장차 중요한 일에 쓰인다는 것도 모른다. 보고 듣고 만지고 먹고 웃고 울고……. 그것 외에 그에게는 아무것도 없다.

 어느 날 월남에서 왔다는 틱낫한 스님이 TV에 나와서 강연을 했다. 화를 내지 말라는 이야기를 했다. 화는 만병의 근원이 된다고 말했다. 그리고 현재를 열심히 살아야 한다고 말했다. 과거도 미래도 생각하지 말아라. 과거는 이미 지나간 것, 미래는 아직 오지 않은 것, 그런 것을 생각하고 있으면 회

한이 생기고 불안해진다고 했다.

　강의를 듣던 사람이 질문을 던졌다. 현재에만 충실하면 미래는 어떻게 되느냐고……. 스님은 현재에 충실하고 있으면 미래도 그 연장선상에서 충실해진다고 대답했다.

　그때, 나는 저 스님은 지금 어디쯤 가 있을까를 생각했다. 나같이 깨닫지 못한 사람도 아니고, 어린 아이도 아니다. 그렇다면 그 위치가 어디일까? 그날 열차 안에서 어린 아이를 닮고 싶다고 말한 그 스님은 어디까지 가 있을까. 이런저런 생각이 일어났다.

　아무 것도 모르는 어린 아이도 아니고 인생이 무엇이냐?를 알고 있는 어른도 아니다. 그 두 가지를 다 넘어선 사람이다. 그렇다면 그 세계가 어디일까?

(1987)

힘과 힘

 어릴 때 나는 닭싸움을 좋아했다. 장닭에게 고추장을 먹이면 힘이 강해진다는 말을 믿고 우리집 닭에게 고추장을 많이 먹였다. 그놈을 안고 다니면서 이웃집 장닭 앞에 갖다 놓으면 서로 시위를 하다가 마침내 싸움이 붙는다.
 입으로 물어뜯고 발로는 걷어 찬다. 차인 놈은 저쪽에 나가 떨어졌다가 다시 일어나 물어뜯는다. 벼슬에 피가 나고 털은 빠져 날리고 기운이 다할 때까지 싸운다. 그러다가 더 싸울 기운이 없어지면 비실비실 한쪽이 도망을 친다. 이긴 놈은 많이 따라가지 않는다. 약간 쫓다가 날개를 크게 치면서 승리의 노래를 부른다. '꼭꼬-' 하고….
 그때 우리집 닭이 이기면 내가 먼저 의기양양해진다. 만약 지면 닭이 미워진다. 그 비겁한 도망질이 보기 싫다. 무조건

싸움은 이겨야 한다는 고정관념이 그때부터 내 속에 생겨났다.

닭은 왜 싸우느냐에 대해서 나는 생각을 하지 않았다. 맞서면 당연히 싸우는 것으로 알았다. 그런데 지금 생각해 보면 이유가 있을 것 같다. 암놈을 독점하기 위해서, 현장에서 왕 노릇을 하기 위해서이다.

그런데 인간의 싸움은 조건 없는 싸움이 없다. 이해득실, 아니면 윤리, 도덕의 문제가 끼어 든다.

그러나 나라와 나라끼리의 집단싸움은 닭과 비슷하다. 힘과 힘의 대결이다. 이유가 있다해도 조작된 이유가 더 많다. '힘은 정의이다'의 실행과도 같다. 땅을 더 많이 차지하기 위해서, 자기 국민을 더 잘 먹여 살리기 위해서라고 하지만 그것들은 다 일방적인 힘의 논리이다. 통치자(왕, 대통령) 중에는 호전주의자가 있다. 수십만 명의 병사를 싸움터로 몰아넣고 관전자가 된다. 권력의지의 실행인지 모른다. 그리하여 수많은 희생자를 낸다. 인명은 손상되고 재산은 파괴되고 만신창이를 만든다. 그래서 국민은 어느 쪽이든 전쟁을 싫어한다. 이기든 지든 피해는 나타나기 마련이기 때문이다.

얼마 전에 이라크 전쟁이 터졌다. 다른 이유도 있겠지만 그 또한 힘의 대결이다. 해당국의 국민도 전쟁을 싫어하고 세계의 인구가 온통 나서서 반전운동을 벌였다. 우선 전쟁만은 중지해야 된다는 저항운동이다. 자기와 직접 관계가 없는데도 집단이 되어 깃발을 흔들고 고함을 치고 국기를 불사르는 것은 무엇이랴?

  정의가 살아있다는 증거이고 전쟁만은 하지 말아야 한다는 평화운동이다. 전쟁은 어떤 전쟁이든 비참하다. 이긴 자도 죽어야 하고 패배자는 더 많이 죽어야 한다. 인류의 목적은 전쟁에 있지 않고 평화에 있었다. 그런데도 전쟁과 평화는 서로 이를 맞물고 돌아간다. '동물의 역사는 싸움의 역사이다'라고 말한 철학자가 있었다.

  터지고 죽고 쏘고 불이 나고 마침내 도시는 파괴되고, 길거리에는 시체가 걸레짝처럼 너절하다. 다리, 팔이 잘려 나간 민간인이 병원에서 신음한다. 그것을 치료할 의사도 부족하고 약도 없다. 그대로 고통에 시달리고 있는 피해자, 그 현장을 보고 있으면 '전쟁만은 하지 말아야 한다'는 반전주의자가 안될 수 없다.

  어느 날 나는 밤 9시 뉴스시간에 이라크 전쟁의 현장을 가슴 졸이면서 구경했다. 그날 밤 10시가 되자 베트남의 틱낫한 스님이 화면에 나와서 평화의 강연을 했다. 그는 현재 우리나라에 와 있다. 전쟁의 현장을 보았을 그는 무엇을 말할까에 나는 관심이 갔다. 그는 평화주의자였다. 옛날부터 그랬다. 전쟁뿐 아니라 마음의 평화주의자이기도 하다. 그래서 『화』라는 책까지 냈단다.

'복수'는 '복수'를 낳는다고 이라크 전쟁을 해석했다. 어느 한쪽을 편드는 이야기가 아니었다. 전쟁 전체를 바라본 평화주의자로서의 표현이었다. 그것은 기본적이고 원론적인 전쟁관이었다.

그는 그날, 한 시간 동안 마음 안에 있어야 하는 평화에 대해서 이야기했다. 평화가 마음 안에 있으면 전쟁도 일어날 수 없다는 주장이었다.

나는 그의 이야기를 들으면서 전쟁과 평화의 표리를 느꼈다. 바로 한 시간 전에는 생사를 결단하는 싸움을 보았고 한 시간 후에는 평화를 주장하는 성직자를 보았다. 한쪽은 있어야 하지만 한쪽은 없어야 한다. 그런데도 전쟁은 끊임없이 일어나고 있다.

세계 2차대전이 끝나고 평화를 약속하는 유엔이 조직되었다. 영원한 평화가 올 것 같았다. 그러나 몇 년이 못가 여기저기에서 전쟁이 터졌다. 우리나라의 6·25도 그 하나이다. 유엔은 사이에 끼어 말리다 말리다가 안되니까 유엔군을 조직해서 전쟁에 참가했다. 말리는 사람도 같이 싸워야 하는 것이 전쟁이다.

이라크 전쟁도 유엔이 개입했다. 그러나 힘의 논리 앞에서는 유엔도 입을 다물었다. 어떻게 될 것이냐? 빠르고 늦은 차이는 있지만 결과는 뻔하다. 수많은 반전운동이 있지만 '이기는 것이 정의다'는 논리가 깃발을 들 것이다.

나는 생각해 본다. 옛날 닭싸움을 좋아해서 고추장을 먹였다. 그리고 싸움을 붙여 놓고 관전을 했다. 닭은 피를 흘리면서 싸우는데도 구경하는 나는 승부에만 관심이 갔다. 그때의 관전자의 마음이 곧 대통령이나 왕과 같은 통치자의 마음은 아닐까 하고….

그러나 더 큰 관전자도 있다. 지구 위에 크고 작은 싸움을 붙여놓고 말없이 바라보고 있는 천지창조의 신이다. 지구 위에 수많은 장닭을 길러놓고 서로 대결하는 싸움을 붙여 놓았다. "왜 싸우도록 만드렀느냐"고 물어보아야 신은 대답이 없다. 영원히 대답은 없을 것 같다. 그리하여 싸우는 자 스스로가 생각해 보기도 한다. 그것은 세계의 질서를 유지하기 위한 최선의 방법이라고….

(2003. 5)

해질 무렵

열려진 남쪽 창으로 바깥풍경이 보인다. 나는 의자를 창턱으로 더욱 가까이 끌고 나간다. 아파트 6층은 산중턱에 지어놓은 정자이다. 눈을 위로 보내면 오후의 구름이 힘없이 어슬렁거리고 아래로 보내면 수많은 건물과 차가 평면에 엎드린다.

며느리가 갖다준 커피를 마시면서 외계를 감상하고 있는 나는 지금 여백 속의 한가한 사람이다. 시간과 공간이 나를 에워싸고 있지만 멀어서일까, 그것들이 전혀 의식되지 않는다.

"할아버지! 우리 산책가요."

언제 왔는지, 6살 먹은 손녀가 등뒤에서 불쑥 말한다. 손녀는 현재 유일한 나의 친구이다. 거절할 이유가 없다. 좋다면서 그의 손에 이끌려 엘리베이터 앞으로 간다. 단추를 누르면 어느덧 와서 서고, 또 누르면 서둘러 떠나는 엘리베이터에게

의식이 있다면 불평할 것 같다. 한 사람이 와서 눌러도 열어주어야 하고 잘못되어 다시 와서 눌러도 또 열어주어야 한다. 종일 단순한 노동을 반복해야 하니 오죽이나 권태로우랴?

1층으로 내려가자, 손녀는 잡은 손을 놓고 나의 팔을 자기 팔로 힘껏 감는다. 아파트 단지의 길은 모두 반듯반듯하다. 그 위를 걷고 있는 나와 손녀는 고목과 새싹을 닮았다. 할아버지와 손녀 사이에는 노쇠와 신생이라는 차이가 있다. 서쪽 하늘에 지고 있는 저녁해요, 동쪽 하늘에 뜨고 있는 아침해라고 할까?

"할아버지가 할방구면 나는 할망구가 되지요?"

걷고 있던 손녀는 무슨 생각을 했는지 불쑥 말한다.

"이놈! 그런 말이 어딨어."

나는 나무라듯이 한마디 한다.

손녀는 "왜요?" 하면서 방글방글 웃기만 한다.

높다란 건물이 보이고 '해태백화점'이라는 간판이 나타난다. 오늘은 그곳이 산책 목적지가 된다. 1층에 있는 휴게실 의자에 앉으면서 "무엇을 먹을래?" 하고 물어본다.

손녀는 서슴지 않고 "밀크 쉐이크" 한다. 나에게는 서툴게 들리는 식품이름이기에 "그게 뭔데?" 하니까. 소리를 높여서 크게 한번 또 "밀크 쉐이크" 하고는 나를 바라본다. '왜 또 묻느냐?'는 듯한 표정이다.

주방 앞으로 가서 "밀크 쉐이크, 커피, 햄버거" 하고 주문을 한다. 주방아가씨는 자리에 가서 기다리라고 말한다. 나는 시키는 대로 돌아와서 앉는다. 조금 있으려니까 주문한 식품을 가져가라는 방송이 나온다. 일어서서 또 받으러 간다.

돈도 내 손으로 갖다주어야 하고, 음식도 내 손으로 들고 와야 하는 신식휴게실의 운영규칙에 거부감이 왔지만 어쩔 도리가 없다. 돌아보니 주위에는 노인이 나 한 사람뿐이다.

음식을 다 먹자 손녀는 일어서더니 빈 그릇을 챙겨서 쓰레기통으로 가져간다.

그 동작이 너무 귀엽고 기특하다. 그의 부모와 와 봤기 때문이리라.

"다음은 뭘 할래?"

나는 손녀의 의견을 묻는다.

"할아버지! 우리 옥상에 가요."

손녀의 손에 이끌려 휴게실을 나오고 에스컬레이터의 사람이 된다. 이리 돌고 저리 돌아서 몇 번을 갈아타니까 옥상에 이른다. 갑자기 하늘이 확 열리고 나의 가슴도 문을 연다.

손녀는 말도 않고 아이들이 재잘거리고 있는 놀이터로 달려간다. 그네, 미끄럼대, 시소 등 온갖 운동기구가 아이들과 엉켜 움직이고 있다. 나는 앉을 자리를 찾아본다. 저쪽 구석에 열개나 됨직한 의자가 나란히 놓여 있다. 걸음을 옮기고 있는데. 그곳에 앉아 있는 남자 노인 한 사람이 보인다. 나는 노인 옆으로 가서 앉는다. 무슨 말이라도 건네보고 싶어진다.

"이 근처에 사십니까?"

노인은 표정없이 "한양아파트에 삽니다"고 말한다. 기운이 없고 소리도 낮다.

"저도 한양아파트에 삽니다."

노인은 내 말을 듣자, 반기는 표정이 된다.

지방에서 직장생활을 하다가 5년 전에 서울의 아들집에 왔다고 하고, 지금은 75세가 되었으며 목이 아파 병원에 다닌다면서 입을 벌려 손으로 목안을 가리키기까지 한다. 말을 많이 하면 목이 아파서 더는 말하지 않겠다고 잘라 끝을 맺는다.

묻지도 않은 말을 혼자 길게 늘어놓는 노인의 이야기를 듣다가 나는 미안한 생각이 된다. 그에게 고통을 준 것 같았다. 다음은 내가 이야기해야지.

노인과 비슷한 사정이 있었던 나도 길게 그의 길이만큼 자세히 말한 뒤에 다리관절에 장애가 와서 산도 못 오르고 여행도 생각할 수 없다는 괴로운 이야기까지 했다. 그래야 목에 고통이 있는 그에게 위로가 될 것 같았다. 노인은 한마디 말도 없이 조용히 듣고만 있더니 고개를 끄덕끄덕 한다. 말을 끝내고 나니 나에게도 피로가 왔다. 더 이야기하고 싶지 않았다. 피로를 풀 겸 서쪽 하늘을 바라보았다. 그때 해가 붉게 타고 있었다. 아침해는 흰빛인데 저녁해는 붉은빛이 된다는 것은 피로 때문일까? 순간적으로 온 감정이었다. 온종일 넓은 하늘을 지나온 여행의 결과이리라.

그것은 어쩌면 인생의 과정을 닮았다. 해는 서쪽 하늘에 지고 인생은 이승땅에서 지고…. 하지만 해는 내일 다시 동쪽 하늘에서 솟아 나온다. 그 솟아 나오는 사실에 관심이 새로워진다. 인간도 무엇으론가 변신을 한다는데.

"할아버지, 인제 그만가요."

언제 왔는지 등뒤에서 손녀가 불쑥 말한다.

"응, 그래 가야지."

나는 자리에서 일어선다.

"또 만납시다."

노인에게 큰소리로 인사를 던진다. 그는 말없이 팔을 쑥 내민다. 두 사람은 손을 잡고 한참 흔들었다. 손을 놓으니 무엇인가 찡하게 오는 감정이 있다.

손녀의 손을 바꾸어 잡으면서 걸음을 옮겨놓는다. 몇 걸음 가서 에스컬레이터에 몸을 싣는다. 다시 한번 노인을 돌아보면서 아래로 내려간다. 내려가면서 풀지 못하고 둔 숙제처럼 '해는 내일 다시 동쪽 하늘에 솟아 나오는데?' 하는 생각을 하고 있었다.

(1991)

느리게 살기

 아인슈타인이 베를린에서 전차를 탔다. 차장에게 큰돈을 냈다. 차장은 돈을 받아 거스름을 돌려주었다. 아인슈타인은 손바닥에 돈을 받아 헤아려 보았다.
 너무 많았다. 차장을 향해서 "이거 너무 많지 않느냐?"면서 내밀었다. 차장은 눈이 번쩍 뜨여 다시 헤어보았다. 틀림없었다. 아인슈타인에게 돈을 다시 주면서 "숫자 계산도 제대로 못 하는군" 하고 중얼거렸다.

 지구의 역사는 많이 길었다. 그 속에서 살고 있는 동물의 역사도 길었다. 몇만 년이 되었는지 모른다. 그런데도 동물의 원형에는 변화가 별로 없다. 거의 옛날 그대로이다. 개구리도 옛모양 그대로이고 염소도 옛얼굴 그대로이다. 나의 어릴 때,

염소는 입가에 두 개의 수염이 길게 나와 있었다. "할아버지도 아닌 놈이 수염을 왜 달고 있냐"하고 이상하게 생각했었다. 그런데 70년이 지난 지금도 염소 입에는 수염이 두 개 달려 있다.

그러면서 동물에게는 문화가 전혀 없다. 몇만 년이 지났는데도 문화라고 할 수 있는 어떤 문건도 만들지 못했다. 그러나 사람은 끊임없이 무엇인가를 만들어 낸다. 바다를 지나가는 배를 만들고, 공중을 날아가는 비행기도 만들었다. 그것이 점점 정밀해져서 텔레비전을 만들고 컴퓨터도 만들었다. 앞으로 백 년 천 년 가면 무엇이 새로 나올까. 이만하면 되었다고 중지할 것 같지가 않다.

그런데 새것이 만들어지는 데에 따라 인간은 점점 바빠진다. 새 기계를 배워야 하고 그것을 이용해야 되고…. 그러자니까 마음이 바쁘다. 마음이 바빠지면 동작도 따라 바빠진다. 바쁘지 않는 사람이 없다. 병에 걸린 사람처럼 앞으로 달리기만 한다. 그러지 않고는 살 수 없는 사람으로 되어 버렸다.

그래서 요즘, 천천히 살자는 운동이 벌어지고 있다. 원시시대가 그립다는 사람도 있다. 서점에는 『느리게 산다는 것의 의미』라는 책도 나와 있다. 프랑스 사람 '피에로 쌍소'의 저작품이란다. 그 책이 나오자 그 나라의 독서순위 1위를 차지했단다.

느리게 산다는 것은 잘나고 못나고를 너무 따지지 말자는 것이다. 느슨하게 사는 것, 여유있게 사는 것, 여백을 두고 사는 것, 그리하여 옆도 보고 뒤도 보고 먼 곳도 보면서 살자는 것이다. 그리하여도 될 것은 되고 안될 것은 안 된다.
　숫자 계산도 제대로 못하는 아인슈타인도 만들 것은 다 만들었고 살 것은 다 살았다.

(2001)

흐리멍덩

라디오 KBS는 전일 방송을 한다. 틀어놓으면 종일 말이 나온다. 어떤때는 시끄럽다면서 짜증스럽게 꺼버린다. 라디오에게 죄가 있는 것도 아닌데…….

밤중에 잠이 오지 않으면 '옳아' 하면서 어설프게 일어나 라디오의 스위치를 돌린다. 기다렸다는 듯이 '왕!' 하고 말소리가 터져나온다.

토론이 벌어지는 때가 있다. 이를테면 사형제도를 폐지할 것이냐, 존속할 것이냐를 두고 전문가들이 나와 법 이론을 전개한다. 세 시간, 네 시간씩 계속한다. 듣고 있으면 어느쪽에도 일리가 있다. 처음부터 한쪽 이야기만 들었다면 그 방면에 무식한 나는 단번에 따라갈 것 같다. 그러나 반대쪽 이론도 그럴 듯하다. "마아, 그래!" 하는 수긍이 간다. 그들의 이론에 빠져들기만 하고 나의 판단력에는 마비가 온다. 기준을 잃어버리는 나를 한심한 사람으로 생각하면서 잠에 들 때가 있다.

왜 그런 것일까. 옛날에는 그렇지 않았다. 옳으면 옳고, 그르면 그르다는 쪽으로 판별이 분명했다. 어떤 때는 정치적인 문제를 두고 여당과 야당 사이에 토론이 벌어진다. 당론을 따를 것이냐, 자기 개인의 의견을 따를 것이냐의 문제가 있을 터인데, 철저히 당론 편이 된다. 내겐 은근히 인간적인 불만이 온다. 당론은 그렇지마는 내 개인의 의견은 이렇다고 할 수 없는 그들의 지성이 미워진다. 그러나 만약 내가 그 자리에 들어갔다면 어떻게 하랴, 고 가정을 해 본다. 누가 국회의원을 주지도 않지만 그런 때는 차라리 국회의원을 하지 말아야지…하는 생각을 하면서 라디오를 끈다.

'진리는 하나뿐이다'를 믿고 살아왔다. 그러나 요즘은 둘도 되고 셋도 된다는 생각이다.

장자는 꿈 이야기를 하고 있다. 꿈에 나비가 되어 자유를 누리다가 잠에서 깨어 보면 나비가 아니고 자기는 사람이다. 꿈이 현실인가, 현실이 꿈인가의 혼돈에 빠진다고 하였다.

장자뿐이랴? 아주 현장감이 짙은 꿈은, 누구든 그러한 혼란에 조금은 빠진다. 장자는 우화를 좋아했다니까 우화를 위해서 그렇게 간곡한 표현을 했을지도 모른다.

불교에서는 사람이 살고 있는 현재를 가상의 세계라고 말한다. 가상의 세계를 진짜로 믿고 온갖 욕심을 다 부린다는 것이다. 현재는 곧 물거품처럼 푹 꺼져버리는 것이니까 그 가상에서 깨어나 영원을 찾으라고 권한다. 그럴 듯하다.

나는 불교 책을 즐겨 읽는다. 불교가 뭔지 아직 잘 잡히지는 않지만 그런대로 끌린다. 영원히 살기 위해서가 아니고 현재만 살기에는 인생이 너무 얕다. 무엇인가 더 큰 것을 기둥처럼, 산처럼 믿으면서 살고 싶다.

또 그것이 현재의 마음을 편하게 해 준다고 믿는다. 그래선지 어떤 때는 세계가 온통 한 덩어리로 보인다. 해도 달도 허공도 사람도 나도 한 덩어리 속에서 일렁거리는 것이다. 그것이 시작도 없고 끝도 없이 움직이고 있으니 마침내 나는 그 속의 극히 작은 일부에 지나지 않는다. 그보다도 내가 무엇인지 구별도 어렵다. 그 한 덩어리가 영원히 돌고 돌면서 존재한다면 그곳에 무슨 죽음이 있고 삶이 있으랴? 그냥 존재할 뿐이다.

그러나 몇 시간이 못 가서 나는 가상의 세계라는 현재의 나로 어느덧 돌아와 버린다. 장자의 꿈 이야기 비슷하다. 장자는 꿈이 현실이냐, 현실이 꿈이냐를 의심이라도 하지만 불교는 그 의심조차 없다. 굳게 믿고 있다. 하기야 굳게 믿지 않는다면 종교가 될 수도 없지만…….

나는 지금 80이 되었다. 어느덧 그러냐고 스스로에게 놀라는 때가 있다. 50대 때엔 앞으로 10년만 더 살아도 되겠다는 생각을 했다. 몸이 너무 허약해서 수명에 자신이 없었다. 어떤 때는 나이를 잊어버리고 살자는 생각도 했다. 그러나 지금에 이르고 보니 잊어버리는 것도 기억하는 것도 별것 아니다. 잔재주를 부려보아도 올 것은 오고 갈 것은 간다.

  그런데 이 혼돈을 이해할 수 없다. 사형제도를 둘 것이냐, 없앨 것이냐도 그렇고, 당론을 따라야 되느냐, 자기 주장대로 살아야 하느냐도 그렇다. 그게 그것 같고, 이게 그것 같다. 나이 때문이라고 핑계를 찾아본다.

  임어당은 멍청하게 살라고 권한다. 너무 따지는 세상이 싫어서 하는 소리인지도 모른다. 그러나 나는 멍청이 아니고 지금 흐리멍덩이다.

(2005)

우주宇宙로 열리는 문門

 눈을 뜨고 시계를 쳐다보니 새벽 4시이다. 지난밤 11시경까지 텔레비전의 영화에 눈을 보내고 있었는데 그대로 잠 속에 빠졌던 모양이다. 몸에 충만감이 느껴지고 기지개가 나온다. 고무덩어리처럼 상하로 기운껏 몸을 늘이고 있으니, 어느 곳에서 만들어졌는지 기쁨이 함께 움직인다.
 낮 동안에 쌓여진 피로를 잠은 걸레로 닦은 듯이 말갛게 청소해 놓았다. 하루를 단위로 피로해지고 풀어 주고, 피로해지고 풀어 주고 하면서 사람은 인생을 살아간다.
 神의 창작물에는 신기하지 않는 것이 없다고 하지만 잠도 그 중의 하나가 된다. 더구나 밤과 낮을 만들어서 밤에는 일을 못하게 잠을 자게 한 것은 너무도 의도적이다. 만약 밤이 없고 낮만 계속되었다면 어떠랴? 욕심이 과한 사람은 지나치게 일을 해서 마침내 건강을 해치고 수명을 단축시킬 것이다. 고요한 밤을 주어서 숙면의 행복을 누리게 한 창조주에게 감사를 해야 된다고 할까.

잠은 사람들에게 꿈을 만들어 주는 온상이 된다. 보고 싶은 사람이 있으면 꿈속에서 만나게 해 주고, 하고 싶은 일이 있으면 꿈을 통해서 충족시켜주고, 원수같이 밉지마는 갚는 힘이 모자랄 때 꿈은 어떤 방법으로든 그 미운 사람에게 보복을 하도록 기회를 주기도 한다. 어떤 사람은 꿈을 많이 꾸고 어떤 사람은 꿈이 거의 없다. 애타게 보고 싶은 사람이 있는데도 뜻을 이루지 못하면 꿈에나마 한번 나타나 주었으면 하고 소원해 보기도 한다.

사람들은 죽음에 대해서 궁금한 것이 많다.

죽은 후에 다시 살아났다는 이야기가 있기는 하지만, 죽음 이후의 문제를 구체적으로 이야기해 주는 경험자는 별로 없다. 그래서, 잠을 통해서 죽음의 문제를 상상해 보기도 한다. 잠자듯이 죽었다고도 하고, 너무 깊게 잠든 사람을 보고 죽은 것은 아닐까 하고 코에 손을 대 보기도 한다. 대낮에 길거리에서 깊게 잠든 사람을 볼 때가 있다. 많은 사람들이 구경하는 가운데서 잠에 빠진 광경은 추한 일이다. 그런데도 의식 없이 자고 있는 그 사람은 부끄러움도 모른다. 잠이 죽음쪽으로 얼마나 가까이 가 있는가를 생각하게 한다. 그래도 사람들은 그가 죽음의 저쪽으로 갈 것이라는 의심보다는, 어느덧 잠을 깨서 자기 갈 길을 걸을 것이라고 믿고 있다. 만약 깊은 잠이 저승쪽으로 때로 가버리더라는 사실이 일어난다면 어떨까? 잠에서 상당한 공포심을 가지게 되리라.

나폴레옹은 전쟁 중에 말 위에서 5분 잠을 자기도 했다는 말이 있다. 행군하는 군인은 걸으면서도 잠을 잔다고 한다. 그만큼 잠은 자기 아닌 어떤 힘으로 사람을 제멋대로 몰아 간다. 이것도 사람에게 과로가 없게 하기 위한 神의 치밀한 조치가 아니겠는가?

버스 안에서 나는 가끔 잠에 떨어진다. 고개가 숙여지고 허리가 굽어지고 몸이 넘어갈 지경이 되면 갑자기 눈이 뜨인다. 돌아보면 어떤 때는 옆 사람의 어깨 위에 내 머리가 얹혀 있다. "미안합니다."고 인사를 하면 대개는 "괜찮습니다."고 답을 한다. 그도 잠의 마력이 얼마나 강한가를 알기 때문에 이해를 해 주는 것이다. 80리 100리의 먼 길인데도, 이리저리 고개를 끄덕이면서 잠에 시달리다 보면 버스는 어느덧 목적지에 도착한다. 잠은 시간을 초월한다. 한시간이 단 몇 분 사이로 단축되기도 한다.

새도 잠을 자고, 개도 잠을 자고, 나무도 잠을 잔다고 한다. 생명이 있는 것이라면 어느 것이든 잠을 자게 한 神의 조치는, 우주의 큰 조화를 위해서 있음직한 일이다.

어린아이는 24시간을 거의 잠으로 채우는데 반대로 60을 넘은 노인은 잠이 오지 않아서 괴로움을 당하기도 한다. 늙기도 서러운데 잠까지 사람을 괴롭힌다는 것은 너무한 일이란 생각이 든다.

심신을 수련하는 도장의 사람은 이 사실을 다음과 같이 설명하였다.

어린아이는 배꼽으로 숨을 쉬어서 기운이 아래로 내려가 잠이 많이 오고, 老人은 머리로 숨을 쉬어서 신경을 위로 모으기 때문에 잠이 오지 않는다는 것이다. 신경을 머리로 모은다는 것은 생각할 것이 많다는 뜻이 되고, 배꼽으로 숨을 쉬는 어린아이는 생각할 것이 없다는 뜻이 된다.

그래서 석가는 無心을 가르쳤다. 아무 생각도 하지 않는 것이 건강에 좋다는 이야기다. 잠을 많이 자기 위해서 나도 때로 생각을 버리는 연습을 한다. 머리도 비고, 가슴도 비는 것은 마음을 비우는 결과가 된다. 마음이 빈다는 것은 우주와의 문이 열린다는 뜻도 된다. 그렇게 될 때 나는 가장 마음이 편하다. 잠이 와도 좋고 오지 않아도 좋다. 나와 우주가 한 몸이 되었는데 또 무엇을 소원하랴?

(1990)

소박한 의문

 아침밥을 먹고 집을 나서는 나의 모습은 쫓기는 장닭이다. 대문을 급하게 닫고 걸음을 바쁘게 떼놓으면서 정거장으로 간다. 버스를 기다리면서 시계를 몇 번이나 본다. 다음 차시간에 지각을 해서는 안되기 때문이다. 버스와 기차를 바꾸어 타면 한 시간 후라야 직장에 도착한다. 아침에 벌써 큰 행사를 치른 느낌이다. 대구에서 70리나 되는 교외로 통근을 하고 있기 때문이다.
 오후는 어떤가? 퇴근 시간이 되면 자동차 거리에 나서서 버스를 기다린다. 만원이어서 통과해 버리는 버스도 있고, 직행 버스여서 정거하지 않고 가 버리기도 한다. 나는 또 시계를 봐야 한다. 다른 사람과 약속한 시간이 박두해 오기 때문이다. 어느 다방에서 누구를 만나야 하고 무슨 모임에 몇시까지 가야 하고, 친척집 결혼식 준비에 얼굴을 내놓아야 하고 등의 용무가 차례차례로 기다린다. 어떤 때는 잊어버릴까 봐 종이쪽지에 적어서 번호까지 붙여 놓는다. 순서 없이 처리하다 보면 중간의 하나쯤 빼먹을 수가 있기 때문이다. 어떤 때는 다방에 사람을 기다리게 해놓고 깜박 잊어버리는 수가 있다. 이튿날에야 기억이 되살아나서 전화를 걸고 사과를 해야 한다. 현대는 누구나 이와 같이 바쁘다. 조용히 자기 자신을 찾아볼 시간이 없다. 무엇인가에 자기를 얹어 놓고 살아간다. 얹혀 있는 자기가 곧 자신의 전부가 아닌가 싶도록 스스로가 없는 생활을 하고 있다.

  겨울에 얼음 지치는 사람을 구경해 본다. 각양한 사람이 제각기 복장으로 얼음 위를 미끄러져 나간다. 속도를 굉장히 빠르게 내는 사람, 조용조용 멋을 부리면서 선회를 하는 사람, 사람들 사이를 교묘하게 빠져나가는 사람… 해서 얼음 위는 다수의 사람으로 만화경을 이룬다.
  그런데 그 많은 사람은 전부가 얼음이라는 평면 위에서만 움직일 뿐, 얼음밑의 세계와는 완전히 단절을 이루고 있다. 얼음이라는 한 꺼풀의 두께를 사이에 두고 사람들은 표면에서만 미끄러져 다닌다. 얼음 밑에는 무엇이 있는가에 대해서는 큰 관심이 없다. 얼음 밑의 깊이는 얼마나 되며, 그 깊이 속에는 물이외에 무엇이 있는가에 대해서는 큰 관심을 두지 않는다.

 그것은 마치 사람들이 지구라는 표면에서 일상의 많은 생활에 자기를 맡겨 놓고 빙글빙글 돌아가는 것과 마찬가지다. 얼음 밑에 무엇이 있는가에 관심이 없는 것처럼, 우리의 일상 생활의 밑바닥에 무엇이 있는가에 대해서도 관심이 없다. 일상의 사건에 자기를 얹어 놓고, 돌고 있는 그것이 인간의 전부인 양 생각해 버린다. 그러나 곰곰 생각해 보면 표면의 일상 이외에 사실은 더 중요한 나의 무엇이 밑에 있어야 한다.

 어떤 사람은 신神을 이야기한다. 표면의 현상 밑바닥에 입체적으로 신이 있다고 생각한다. 나의 생명의 근원은 그러한 신과 연결되어 있다고 믿는다. 어떤 사람은 자연을 말한다. 거대한 자연의 숲속에 나의 근원이 숨어 있다는 것이다. 부유하고 있는 자연의 현상만으로 인간이 존재하고 있다고 생각할 수 없기 때문이다.

 종교인은 신의 세계에 도달한 사람이다. 신의 모습을 마음으로 보고 저것이 신이라고 지적한다. 그런데도 눈이 어두운 사람은 그 신을 보지 못한다. 깊은 못을 들여다보면 그 못 속에는 용이 있을 것 같고 이 세상에서 볼 수 없는 괴물이 속에 숨어 있을 것 같다. 바닥이 안 보이는 새파란 깊이의 물 속에 아무것도 없을 수야 있겠느냐고 의문을 가진다.

 그러나 그 깊은 물을 땅으로 퍼올려 보라! 푸고 또 푸면 못 물은 마침내 밖으로 다 올라오고 바닥이 나타난다. 신비했던 못의 깊이 속에는 별것도 아닌 땅뿐이다. 있다면 얕은 강물에도 볼 수 있는 물고기가 있을 뿐이다. 용 같은 짐승도 없고 다른 어떤 괴물도 없다. 색도 없고 맛도 없는 물만이 못의 깊이에 꽉 차 있을 뿐이다. 다만 물이 차 있었을 때는 그 속을 볼 수 없었기 때문에 무엇인가가 있을 것 같은 신비를 느꼈을 뿐이다.

우리의 일상생활의 밑바닥에는 못 속의 물과 같은 공허만 있는 것은 아닐까? 아침부터 밤까지 바쁘게 돌아가는 일상의 시간 외에 또 무엇이 있어서 나의 실체實體를 이루고 있는 것일까. 있다고 한다면 그것은 언제 실상을 나타내서 나의 이 간절한 아쉬움을 만족시켜 줄 것인가?

내일도 나는 버스를 탄다. 다방에서 약속한 사람을 만나고 예식장으로 부조금을 들고 나가야 한다. 다른 사람과 어떤 식당에서 무슨 일로 식사를 해야 하고, 대학에 합격한 아들의 입학금을 마련해야 하고, 나를 사랑했던 옛 애인을 가끔 회상해야 하고, 밀린 원고를 정리해야 한다. 그러다 보면 한 달이 지나고, 또 1년이 지나간다. 20년, 30년, 50년 해서 세월이 지나가는 동안에 수많은 사건이 과거로 과거로 넘어간다. 내가 살아온 과거라는 한 가닥 밧줄에는 굴비 같은 사건의 진열이 늘어진다. 나는 그 사건들의 서열 위에 또 오늘의 사건을 엮으면서 인생을 살아간다. (1970)

신비주의자

　외출을 하려면 세 가지 방법이 다 동원된다. 발로 걷는 것, 버스를 타는 것, 지하철을 타는 것 등이다. 서울에서 안양으로 이사를 와서 다섯 달이 된다. 외출 목적지가 대부분 서울이기 때문이다.
　요즘은 걸음이 많이 느려졌다. 산에 둘러싸인 자연 환경의 영향이기도 하고 나이 때문이기도 하다. 느릿느릿 걸아나오면 10분 이내에 버스정거장에 도착한다.
　버스를 타고 20분을 가야 지하철 역이 나온다. 그 20분이 내개는 많이 상쾌하다. 올막졸막한 가정집과 삐죽삐죽 솟은 고층건물 위에 터진 하늘이 시원하다. 구름이 있으면 있는 대로 좋고 없으면 청명해서 좋다.
　수증기가 올라가서 구름 떼를 만들고 그것들이 이리저리

몰려다니면서 들녘 모양을 만들기도 한다. 그 변화를 과학 아닌 신의 조화로 관찰하는 것은 재미있다. 세상을 온통 과학 일색으로 보는 눈은 너무 단조롭다. 신비스러운 것, 불가사의한 것들이 있어서 오히려 입체감을 준다.

마침내 지하철역에 도착한다. 금정역, 범계역이 안양시의 출입구가 되고 있다. 역으로 향하는 길을 걷고 있으면 사람들의 발걸음이 모두 바쁘다. '왜 저렇게 바빠야 하나.'의 반발이 은근히 살아 나온다. 그래서 우정 나는 천천히 걷는다. 하늘도 보고 산도 보고 오고가는 열차도 본다. 열차는 큼직한 벌레가 몸을 엎드리고 바쁘게 달리는 것 같다.

열차 안에 올라타면서 나는 좌석에 신경을 보낸다. 여간 서둘지 않으면 재빠른 사람에게 자리를 빼앗긴다. 자리를 얻지 못할 때는 어슬렁어슬렁 노인 좌석으로 발을 옮긴다. 공짜를 바라는 마음이리라. 언제부턴지 모르게 좌석에 욕심이 생겼다. 70고개를 넘어간 연령 때문인 것 같다.

노인석 가까이 가면 청년 아니면 아가씨가 바쁘게 자리를 양보해 준다. 그때는 무조건 그들이 착해 보이고 진실해 보인다. 서울 사람들은 반드시 "고맙습니다."하는데 나는 아직도 "감사합니다"가 나온다. 습관은 무섭다. 10년을 살았는데도 고쳐지지 않는다.

좌석에 앉고부터 마음을 정돈한다. 잡념이 나오기 전에 착수해야 하는 일이 있기 때문이다. 잡념은 백해무익이다. 신경이 피로해지고 마침내 육체까지 피로해진다. 그래서 의식의 여행을 떠난다.

머리에 있는 의식을 가슴, 배, 다리로 내려서 땅속으로 보내는 작업이다. 의식이 가는 길 앞에는 장애물이 없다. 그러고 있으면 마음이 편하다. 몸에서 빠져나간 의식은 의식일 뿐 생각은 없다. 생각할 줄도 모른다. 깊은 곳까지 내려간 의식은 그 곳에서 물체화한다. 자연 생태가 된다고 할까. 흙 속일 때는 흙이 되고, 물 속일 때는 물이 된다. '나'이면서 '나'가 아닌 전체가 된다. 무화無化라고 할까.

우주 안에 큰 생명이 흐르고 있다는 말을 한다. 그 생명을 에너지라 하는 사람도 있고, 기氣라 하는 사람도 있고, 종교에서는 부처님, 하나님이라 부르기도 한다. 어느 쪽이든 나는 그것을 큰 생명으로 보고 싶다.

그 큰 생명이 우주 안에 꽉차 흐르면서 다른 작은 생명에게로 연결이 되고 있다. 눈에 보이지 않는 큰 생명을 작은 생명과 연결시킨다는 주장은 불가사의한 의문도 준다. 그래서 믿지 않는 사람도 많다. 나도 옛날에는 믿지 않았다. 과학 이외에 대해서는 생각하고 싶지도 않았다. 그런데 요즘 와서 있을 수 있는 일로 믿어져 간다.

서로가 당기는 힘이 있고 반대로 밀어내는 힘이 있다. 그것들이 엉켜서 움직이는 현상이 에너지, 아니면 기가 아닐까 하는 생각을 한다. 가독교 신자가 기도 때 지극한 소원을 가지면 하나님의 응답이 온다고 한다. 그것은 서로가 당기는 작용임에 틀림없다. 기적을 믿느냐 믿지 않느냐를 많이 따진다. 나도 옛날에는 믿지 않았다. 모르는 세계가 아름답기도 했다. 미지에 대한 호기심이었다. 그런데 나이 들면서 장막이 걷어지고 속이 환하게 보이게 되었다. 다 보인다는 것은 다행보다 불행 쪽에 가깝다. 안개 같은 장막이 있어야 살맛이 난다고 할까?

그리하여 노력 끝에 나는 신비주의자가 되었다. 땅속으로 여행을 간다는 것도 바로 그것 아닌가. 뚱딴지 같은 소리를 한다고 나무랄 사람도 있으리라.

그러나 시간이 생기면 나는 의식 여행을 떠난다. 바닷속으로 들어가기도 하고 하늘 위로 올라가기도 한다. 바위를 뚫기도 하고 달 속으로 들어가기도 한다. 그것이 내게는 즐거운 것을 어쩌랴?

(2001)

고락苦樂

 옆방의 부부 싸움은 대개 열두 시쯤 되어야 시작된다. 앙칼진 여자의 항변이 나오고 돌을 치는 것 같은 강한 남자의 고함이 높아 가면 마침내 물건 부수는 소리로 발전한다. 그 때가 되면 벌써 나는 잠을 깬다. 깬 채로 한동안 싸움 소리를 듣기만 한다. 찬장을 부수는 소리, 문을 때리는 소리, 아이들의 울 부짖는 소리, 사람치는 소리 등이 뒤범벅이 돼서 위험감이 느껴져야 비로소 나는 옆에서 자고 있는 아내를 흔든다. 아내는 멋도 모르고 눈이 동그래진다. 싸움을 말리라는 눈짓 손짓을 하면 그제야 옷도 제대로 챙기지 않고 밖으로 뛰어 나간다.
 남의 부부 싸움에 너무 민감하게 개입하는 것이 싫어서 아내를 보내 놓고 한동안 관찰만 한다. 개싸움이나 닭싸움처럼 붙잡고 밀고 때리는 모양이다. 투닥투닥 사람치는 소리가 더욱 심하게 들려 오고 그것에 가세해서 아내의 싸움 말리는 소리가 사이를 뚫고 섞인다. "나 죽는다!"하는 부인의 외마디 비명이 터져나올 때쯤 되면 마침내 나도 출동을 해야 한다.

　남편은 체구가 작다. 부인보다 키가 작고 기운도 부인을 따르지 못한다. 한데도 남편이 공격편이 되기 때문에 비명은 언제든지 부인 쪽에서 먼저 올린다. 건너가 보면 두 부부는 뱀트림이 되고 있다. 팔다리가 서로 꼬이고 엉켜서 한덩어리다. 나의 아내는 달라붙어서 그 뱀트림을 풀기에 전력을 다하고 있다. 나는 무슨 큰 사업이나 벌이는 기분으로 작업에 착수한다. 남의 부인에게 먼저 손을 댈 수는 없고, 남편 쪽의 다리나 팔을 잡고 힘있게 당겨 본다. 그러나 엉킨 다리 팔은 꼼짝을 않는다. 하는 수 없이 감겨 들어간 남편의 손가락을 나구어서 뒤로 젖힌다. 아픈 모양이다 아야야! 소리를 치면서 손을 푼다. 그 기회를 이용해서 한데 엉킨 부인을 끌어 잡아 당긴다. 부인의 체구가 커서 쉽게 당겨지지 않지만 자신이 풀려나오기를 원하고 있기 때문에 협력이 돼서 몸은 확풀린다.

　부인을 방 밖으로 떠밀어 내면 남편은 닭 쫓는 개모양 확 뒤따른다. 그러면 나는 남편의 허리를 강하게 끌어 안는다. 체구가 작기 때문에 내 품안에서 그는 벗어나지 못한다. 나의 아내가 부인을 데리고 대문 밖으로 도망을 가 버리면 그것으로 싸움은 대단원이 된다. "저 년이 화냥년입니다. 저런 년은 죽어야 합니다." 자기 아내를 놓쳐 버리면 남편은 나를 붙들고 호소를 한다. 나는 그 말이 무엇을 뜻하는가를 곧 안다.

남편에게는 직업이 없다. 생계를 해결하지 못하니까 부인을 남의 식당에 보내 놓고 있다. 하루 일을 끝내고 돌아오는 시간은 대개 열한 시나 열두 시다. 그들의 싸움이 밤 열두 시쯤 되어야 터지는 것은 그 때문이다. 남편은 부인을 식당에 보내고 싶지 않다. 하지만 어쩔 수가 없다. 보내 놓고 보면 속이 상한다. 다른 남자와 꼭 무슨 일이 생겼을 것 같은 불쾌감이 생긴다. 그 불쾌감이 쌓이면 한바탕씩 터져야 한다.

그럭저럭 싸움이 종국에 가고 구경꾼도 돌아가게 되면, 부인도 언제 돌아오는지 남몰래 와서 잠에 든다. 이튿날 아침이 되면 집안은 아주 고요하다. 언제 무슨 일이 있었느냐 싶도록 원상으로 돌아가 있다. 부인은 일찍부터 식당에 출근해서 없고 남편은 늦잠을 잔다. 지난밤의 피로를 푸는 모양이다. 그러나 마당가에는 전날 밤의 전적이 보인다. 유리그릇 깨진 파편이며 문살이 꺾어진 문짝이며 아무렇게나 던져진 실내 장식품들이 정돈이 안 된 채로 굴러 다닌다. 태풍일과라고 할까? 강한 바람이 와서 휘저어 놓은 직후와도 같다.

일요일 같은 날은 나도 늦잠을 잔다. 자고 있으면 마당에서 뚱땅거리는 망치 소리가 난다. 남편이 일어나서 문을 수리하는 소리이다. 나는 문 밖으로 나가서 마당을 거닌다. 남편은 일하던 손을 멈추고 나에게 "미안합니다" 하고 인사를 보낸다.

실직으로 놀고 있는 남편은 종일토록 할 일이 없다.

생각한다는 것이 식당에 나가 있는 아내의 동태뿐이다. "미안하다"는 인사를 건네는 남편의 옆을 지나면서 "오늘은 심심하지 않겠습니다"하고 한 마디 꼬아 준다. 그러면 남편은 빙그레 계면쩍은 웃음을 짓는다. 자기 손으로 부수어 놓고 자기 손으로 수리를 하고 있는 그의 작업을 구경하고 있으면 자꾸 우스워진다. 이튿날 저녁은 대개 부인이 좀 일찍 돌아온다. 구실을 대서 조퇴라도 하는 모양이다. 아이들의 웃는 소리, 음식을 나누어 먹는 소리, 남편의 큰 말소리 등으로 가정은 한때 행복의 꽃이 핀다. 누구의 가정도 따르기 어려운 평화와 행복이 한때를 즐겁게 만든다.

처음 그 집에 이사를 갔을 때는 위험해서 살 수가 없었다. 살인 사건이 날것 같은 위급한 상태를 보았기 때문이다. 일주일을 넘기지 못하고 부부 싸움은 계속이 된다. 평화와 싸움, 싸움과 평화의 반복이 그 집 생활의 전부같이 보였다. 그런데도 희한하게 생활은 다름없이 계속된다. 아기를 낳고 새그릇을 사들이고, 손님을 맞이하며, 갈 곳도 간다. 아마 싸움이 없으면 권태로워서 살 수가 없는 듯이 보인다.

사람은 苦樂의 반복 속에서 인생을 치른다. 苦가 닥쳤을 때는 도저히 못 살 것 같은 절망이 오는데 樂이 오면 기쁨의 절정을 겪는다. 옆집의 부부 싸움은 그러한 인생의 축도를 생각하게 한다.

(1970)

만난 사람
작자와 독자- 잡담을 중심으로
만남과 헤어짐
짝을 잃은 할머니
겨울의 바다
구름에 달 가듯이
부부
인격의 유혹
맑고 흐르고 사납고
수필과 잡문

만난 사람

 늦은 오후의 봄을 혼자 거닐어 보고 싶은 유혹으로 집을 나선다. 앞산 공원 입구의 충혼탑 근방에서 차를 내린다. 잡념을 버리자면 마음을 비워야 한다. 가벼운 기분이 되면서 주위의 풍경에 나를 던져 본다. 넓은 평원 속에 혼자 던져진 듯한 정신의 광막을 느낀다. 그 광막을 안고, 걸음을 한 발 한 발 옮기고 있는데 저쪽편에서 오고 있는 여성 한 사람이 있다.
 가까이 오자 여성은 반가운 표정으로 인사를 한다.
 S양이다. 너무도 뜻밖의 만남이다. S양도 나처럼 봄을 따라 나온 모양이다. 국민학교의 학생같이 90도의 경례를 하고, 밝고 순진한 표정으로 부끄러움을 참는다. S양은 대학교 2학년이다. 책을 들면 책에 취하고, 음악을 들으면 음악에 취한다. 발랄한 동작, 넘치는 생명, 어떤 행동도 귀엽게 보이던

S양이었다. 그 S양의 밝은 얼굴을 만나니까 나의 마음도 한 껏 더 밝아진다. 봄을 하나 더 보탠 기분이 되면서 나란히 걸어 본다.

언덕쪽으로 발길이 간다. 봄 기운에 땅이 녹아서 두 사람이 걷고 잇는 뒤에는 움푹한 발자국이 생긴다. 인간이 살아가는 길에는 발자국 같은 흔적이 누구에게나 남는다. 크기도 하고, 작기도 하고, 아름답기도 하고, 추하기도 하고, 오래오래 남기도 하고, 한때 뿐 곧 사라지기도 한다.

언덕 위로 올라가니까 갑자기 바람이 강해진다. 듬성듬성한 소나무 포기가 바람을 만나서 쏴쏴 솔바람 소리를 낸다.

바람은 소나무 가지를 마음대로 흔들어 놓고 저쪽 언덕으로 또 날아간다. 나와 S양은 적당한 곳에 서서 대구 시가를 내려다본다. 해질 무렵의 대구 시가는 조용한 항구같이 가라앉아 있다. 올막졸막한 집들. 그 사이사이에 큼직하게 솟은 고층 건물들. 그리고 건물들을 정리라도 하듯이 갈라 뻗은 한 길. 큰길은 우물정자 같다고 할까? 열십자 같다고 할까? 사람들은 저 속에서 자기 인생을 치른다. 그것이 무슨 의미이며 어떤 목적인가는 알 바 아닌 듯이 그저 그대로 남들 속에 끼여서 자기를 살아 갈 따름이다.

어둠을 의식한 나는 그만 내려가자고 권한다. 공기조차 약간 차가워 온다. 산책객들이 우리 이외에도 여기 저기 눈에 뜨인다. 다들 봄 기분을 풀기 위해서 나왔을 것이다. 밤을 휘

감고 불어오는 바람이 겨울을 다시 느끼게 한다. 몸이 자꾸 움츠려진다. 충혼탑 아래의 한길까지 우리는 내려왔다. 그런데 한길가에 포장마차 같은 수레 두 채가 불을 켜 놓고 음식을 팔고 있다. 추위에 밀려서 그 안에라도 들어가고 싶다. S양에게 뜻을 물은 후에 포장 수레 속으로 뛰어 들어간다. 젊은 부부와 아기 하나가 웅크리고 앉아서 음식을 만들고 있다.

송편, 찰떡, 군고구마, 과자, 과일, 탁주, 소주에 국수까지 곁들여서 종합 이동 식당이다. 술 종류를 제하고는 어느 것이나 한 개에 10원이라고 한다.

마음이 가는 대로 집어서 입에 넣는다. 작고, 깨끗하고, 맛이 있고, 재미가 있다. 이동 음식점의 품격도 이색적이지만 그 속에 들어가서 음식을 먹는 나의 동작도 좀 파격이다.

배가 불러온다. 몇 개를 먹었는지 수를 알 수 없다.

"모두 얼맙니까?"

대금을 치르어야 한다. 그런데 주인 부부는 도리어 우리에게 수량을 묻는다. 먹는 데만 열중할 뿐, 아무도 수량에 관심을 두지 않았다. S양과 나는 다시 먹은 수를 계산해 보았지만 정확할 수가 없다. 주인 부부는 빙그레 웃으면서 "되는대로 주십시오"라고 말한다. 작은 수레 속에서 그것도 한 개에 10원씩 하는 작은 돈을 모으고 있지만 인심은 솜처럼 부드럽다. 계산을 크게 따지지 않는 주인 부부의 인간성에 호감이 간다. 나는 대강의 수에 좀더 보태서 돈을 내놓는다. 주인 부부는 만족한 듯이 반갑게 손을 내민다.
"많이 파십시오."
 인사말을 남겨 놓고 포장 밖으로 나온다. 찬 기운이 봄을 쫓아 버리듯이 대기 속을 꽉 채우고 흐른다. 다시 몸이 움츠려진다. 버스 한 대가 굴러 온다. 정거장이 아닌데도 차는 서슴지 않고 뚝 선다. S양은 또 90도의 그 경례를 한다. 중학교 3학년 때와도 같은 어린 티가 그대로 남아 있다. 재빠르게 버스 위로 올라간다. S양을 태운 버스는 꿈틀꿈틀 움직이면서 속도를 놓는다. 가로등의 불빛을 벗어나면서 어둠 속으로 차체가 사라진다.
 나는 다시 광막한 평원 위의 외로운 사람이 된다. 그러나 즐거운 한동안이었다. 직선으로 트인 포도 위를 걷는다. 수많은 별들이 하늘을 꽉 채우고 있다.
 공간은 언제나 본래부터 비어있다. 구름이 지나고. 소낙비가 쏟아지고. 바람이 불지만 그것들은 잠시의 변화일 뿐 하늘은 언제나 파란빛으로 물들어 있고. 대기는 언제나 투명할 뿐이다.
 '형식을 버리면서 살고 싶다. 단순하고 솔직하게 살고 싶다. 가을물처럼 맑고 시원하게 살고 싶다. 무엇에도 붙잡히지 말고 본래의 나대로 살고 싶다'
 이러한 생각을 하면서 나는 뚜벅뚜벅 어둠 속으로 걸음을 옮겨 놓는다. (1966)

작자와 독자
- 잡담을 중심으로

A. "독자는 왕이다."할 수 있다면 작자도 왕이 되어야 한다. 왕이 아닌 사람이 어떻게 왕을 만들어낼 수 있겠는가?

①서머셋 몸이 소설을 썼는데 팔리지 않았다. 궁리한 끝에 이러한 광고를 신문에 냈다. "나는 백만장자인 젊은이다. 짝이 될 사람을 찾는다. 내가 원하는 짝은 서머셋 몸의 소설 속에 나오는 주인공을 닮은 사람이다. 그와 비슷하다고 생각되는 사람은 연락 바랍니다." 했더니 그 이튿날부터 서점에 서머셋 몸이 쓴 소설이 있느냐고 수많은 처녀들이 파도처럼 몰려왔다고 한다. 무엇을 생각하게 하는가?

②내가 50대 때, 30대 수필가가 쓴 수필집 한 권을 기증받은 일이 있다. 궁금하여 직장에서 두 편을 읽었더니 더는 읽을 수가 없었다. 서정적이며 시적인 문장이었는데 더 읽혀 내

려가지 않았다.

집에 갔다둔 며칠 후, 대학에 다니는 딸이 그 책을 들고 와서 "아버지, 이 책 너무 재미있습니다. 밤새우면서 읽었어요. 작자를 아버지가 아십니까? 하는 것이었다. 이런 차이는 무엇에 이유가 있는 것일까?

B. 독자를 많이 가지자면 글이 좋아야 한다. 그래서 작자는 어떤 글이 좋으냐에 부딪히게 된다.

재미가 있어야 한다. / 생각할 거리가 있어야 한다.
미치게 만들어야 하다. / 새로운 것이 있어야 한다.
재치와 익살이 있어야 한다. / 사랑이 있어야 한다.

등 많다. 이 여러 가지를 작자는 어떻게 다 만족시킬 수 있겠는가. 그래서 나는 생각하기를 이중에서 한두 가지만 만족시킬 수 있어도 좋은 글이 되겠다는 생각을 한다.

약 10년 전에 어느 잡자사에서 원고 청탁이 왔다. "베스트셀러를 어떻게 생각하느냐?"의 주문이었다. 나는 그때 독자가 많다는 그것만으로도 베스트셀러는 높이 평가해주어야 한다는 말을 쓴 일이 있다. 광고 선전으로 소문을 퍼뜨렸기 때문이라고 생각하는 사람도 있으리라. 그러나 읽어본 사람이 "그것 광고와 다르더라."고 말하기 시작하면 어느덧 책은 독자에게서 멀어져 간다. 많이 오랫동안 읽힌다면 무엇인가가 있기 때문이라 하고, 어떤 사람은 무조건 베스트셀러에 대해서 부정적인 생각을 가지고 있었다. 그 부정적인 생각 속에는 약간의 질투심이 잠재한 것은 아닌가 하고 그때 나는 생각한 일이 있다.

③인도의 시인 타고르가 중병에 걸렸다. 친구가 문병을 갔더니 타고르는 "더 살고 싶다."는 말을 했다. 친구는 시인으로 이미 유명한 사람이 아직도 욕심이 남았구나 싶어서 시를 6백 편이나 쓰고도 아직 그런 소리를 하느냐고 했더니 "많이 쓰면 무엇 해. 쓸 만한 것이 한 편도 없기 때문이야."했다고 한다.

명작에 대한 욕심도 욕심이기는 하지만….

④붓장수 하나가 남의 집 사랑방에 가서 자게 되었다. 밤중에 일어나 보니 옆의 주인이 없어졌다. 짧은 미천으로 시 한 수를 썼다.

> 밤중에 벌떡 기起하니 / 주인이 간 곳 무無라
> 아마 안방에 입入하여 / 필경 그것을 위爲하리라

이런 사건의 삽입은 채치라 해야 될지 익살이라 해야 될지 모르겠다.

⑤김선달이 돈 만든 이야기를 하나 더 하자. 돈 1냥을 들고

어느 가게에 갔다. 1냥어치의 물건을 사 들고 돌아오다가 다시 가게로 갔다. 이 물건을 도로 줄 터이니 아까 그 돈과 합쳐서 2냥어치의 물건을 달라고 했다. 주인 생각에도 어긋나는 것이 없었다. 2냥어치의 물건을 주었다. 김선달이 돌아가다가 다시 가게로 가서 이 물건을 다 줄 터이니 아까의 2냥과 합쳐서 4냥어치의 물건을 달라 했다. 주인은 또한 다른 생각이 나지 않았다. 김선달은 1냥으로 4냥어치의 물건을 만들어서 가난한 친구에게 주었다고 한다.

C. 작자가 글을 쓸 때에는 글을 쓴다는 그 사실에만 몰두해야 한다. 그래야 자기 아닌 힘이 나와서 글이 제대로 쓰여진다.

⑥종교가 서로 다른 부자父子가 쇠고기를 먹느냐 안 먹느냐를 두고 다투다가 아들 고집대로 실행이 되었다. 아버지가 그 사실을 고발했다. 아들에게 사형 선고가 내려졌다. 법관은 아들에게 기름 한 접시를 가득 주면서 이 기름을 한 방울도 쏟지 않고 동네를 한 바퀴 돌아온다면 사형을 면해주겠다고 했다.

아들은 기름을 쏟지 않기 위해서 그것에만 주의를 집중하고 동네를 돌아왔다. 법관이 물었다. "동네를 돌면서 본 것이 무엇이냐?"고. 아들은 "아무 것도 보지 못했습니다. 기름을 쏟지 않는 데만 정신을 쏟았습니다."라고 답했다. 법관은 아들에게 "그런 마음으로 지금부터 아버지를 모시겠느냐?"고

하고는 사형에서 풀어주었다고 한다. 사형이 그렇게 쉽게 주어지고 그렇게 쉽게 풀어지겠는가마는 의도가 있는 잡담이기에….

㉠뉴턴이 연구에 몰두한 이야기는 많다. 어느 날 실험에 정신을 쏟고 있는데 파리 한 마리가 계속 날아들었다. 쫓다가 쫓다가 그 한 마리를 사로잡았다. 문을 열고 밖으로 던지면서 "세상은 이렇게 넓은 거야. 나만 괴롭히지 말라."고 말했다고 한다.

또 하나, 연구실의 난로가 너무 뜨거웠다. 하인을 불러서 이 불 좀 꺼달라고 했다. 하인은 "뒤로 조금 물러앉으면 될 것인데?" 하였다. 뉴턴은 "아! 참 그렇구나!" 하면서 의자를 뒤로 밀었다고 한다.

D. 어떤 책을 읽다가 글 쓰는 사람에게 주는 명언이 있었다. 옮겨보면 -

ㄱ. 당신 앞에 있는 것에서부터 출발하라.
ㄴ. 잠재력에 가 닿아라.
ㄷ. 모든 문제(자연·종교·동물·인간 등)를 다 수용하라.
ㄹ. 세부 묘사는 생명력을 살려낸다.
ㅁ. 당신의 깊은 꿈이 무엇인가?
ㅂ. 한 가지에의 몰입은 깨달음을 준다.
ㅅ. 육체와 가슴으로 글을 써라.

o. 자기 마음을 믿어라.

E. 결론
　작자 : 높은 산만 혼자 오르지 말고 낮은 골짜기에 누가 있는가를 살펴라.
　독자 : 산만 높다 하지 말고 골짜기가 왜 깊은가를 생각하라.

(2006)

만남과 헤어짐

 세상에 태어나는 것은 만남의 시작이고 한 생애를 살다가 출구로 나가는 것은 헤어짐의 마지막이다.
 부모와 가족을 만나는 일은 어린 아기 때이고, 학교에 들어가면서부터 수많은 새 사람을 만나게 된다. 그 속에서 정을 주고 정을 받으면서 인간관계의 다른 차원을 맞이한다. 누가 가르쳐 주는 것도 아닌데 좋아하는 사람과는 더욱 가까워지고 싫어하는 사람과는 점점 멀어져 간다.
 사람의 정은 만나는 시간에 정비례한다. 오래도록 한결같이 만나고 있으면 어느덧 모르는 사이에 정의 뿌리가 내린다. 국민학교 때의 친구가 평생동안 떠날 수 없는 친구로 될 수도 있는 것은 6년이라는 수업기간과 관계가 있다.
 중학교에 가고 고등학교에 가면서 새로운 만남이 또 전개

된다. 어떤 사람과 만나느냐에 따라 깊은 만남이 되기도 하고 얕은 만남이 되기도 한다. 얕은 만남은 바람결처럼 스칠 뿐 곧 잊혀진다.

그러나 깊은 만남은 서로가 떨어지기를 싫어한다. 어떤 사람은 얕으면서 많은 사람을 만나게 되고, 어떤 사람은 수가 적지만 깊은 만남을 소중하게 여긴다. 어느쪽이 인생을 위해서 이익이 되느냐는 우선 두고, 깊은 만남이 있는 사람은 대체로 인간성이 풍부한 사람이다. 그리고 인생에 있어서 사람의 정이 얼마나 소중한가를 깨닫고 있는 사람이다.

사람은 누구나 세 번의 큰 만남을 경험한다. 첫번째는 부모와의 만남이다. 저승에서 이승으로 들어오는 대문을 열어주는 사람은 어머니이다. 고고의 소리를 치면서 땅에 떨어지자 처음으로 어머니의 손길이 닿아오고, 가슴의 젖줄이 이어오고 사랑의 입김이 밀려온다.

두번째의 큰 만남은 부부로서의 만남이다. 수많은 異性 중에서 단 한 사람을 선택해서 만남의 새 길을 여는 것이다. 부부의 만남은 친구와 동료의 만남과는 성격이 많이 다르다. 함께 몸과 마음을 비비면서 살아야 하는 사실 때문이다.

정의 깊이는 만나는 시간에 정비례한다고 말하였지만 접촉의 밀도에 따라 그 깊이는 더욱 달라질 수 있다. 부부의 정이 어떤 관계보다 깊어질 수 있는 것은 마음과 몸의 접촉이 직접적이고 자유로우며 빈번하기 때문이다.

부모와 자식 사이의 정이 깊은 것은 한 몸에서 떨어져 나왔다는 혈연에도 이유가 있지만 그보다는 어머니의 품에 안겨서 크고 아버지의 손에 잡혀서 크기 때문이다.

애인과의 사이도 그렇다. 그들이 만약 절대로 손을 잡지 않고 키스를 하지 않으며, 포옹을 금지하기로 약속을 하고 교제를 해 간다면 어떤 결과가 올까. 그것을 사랑이 아니라고 판단하고 곧 파멸이 올지 모른다.

세번째의 큰 만남은 자식과의 만남이다. 새로 태어나는 아들 딸을 만났을때 세계를 보는 눈이 달라질 수 있다. 자식이 아프면 자기가 아픈 것처럼 같이 괴로워하고 자식이 출세를 하면 자기의 출세처럼 우쭐거리고 싶어진다.

아들 딸이 있음으로 해서 고통을 받는 경우도 많다. 그러나 고통과 즐거움과 관계없이 사랑과 정이 가는 것은 어쩔 수가 없다.

만남의 정이 깊을수록 헤어짐의 아픔이 또한 깊다. '會者必離'라는 말이 있다. 만나면 반드시 헤어진다는 뜻이다. 많은 사람을 만나는 사람은 그 수만큼 많은 사람과 헤어져야 한다. 얕게 만나는 사람은 쉽게 헤어지고 깊게 만나는 사람은 아프게 헤어져야 한다.

어떤 헤어짐이 가장 아픈 헤어짐인가. 부모와 영원한 이별을 하는 것은 아픈 헤어짐이다. 사랑하는 사람과 사이를 끊어야 하는 헤어짐도 아픈 헤어짐이다. "부모가 죽으면 산에 묻고, 자식이 죽으면 가슴에 묻는다"는 말이 있다. 자식이 부모를 생각하는 정보다 부모가 자식을 생각하는 정이 더 강하고 깊다는 것을 솔직히 인정한 말이다.

'다정도 병이런가' 라는 소설 제목도 있다. 정을 주는 일은 즐겁기도 하지만 괴로움도 따른다. 그렇다고 해서 정을 주지 않고 살아가는 일은 더욱 괴롭다.

헤어지는 괴로움 때문에 만남을 피할 수는 없다.

석가는 괴로움을 이기는 방법으로 '無心'을 제시하였다. 마음이 없는 곳에 괴로움이 있을 수 없다고 본 것이다. 헤어지는 아픔도 '無心'이라는 무기를 사용한다면 극복이 되는지 모른다.

칠년 만에 아들이 미국에서 돌아온다는 연락을 받고 나는 비행장으로 나갔다. 사람마다 작은 손수레를 끌면서 출구에서 나오고 있었다. 그 무리 속에서 아들을 발견하였다. 칠년 동안 보지 못했던 아들의 얼굴에서 감정의 응어리가 뭉클 솟아오르는 것을 느꼈다. 아들과 아버지는 그냥 껴안고 말았다. 말이 필요없는 순간이었다. 아들과 아버지 사이에 흐르는 후끈한 체온이 그대로 눈물로 바뀌고 있었다. 아들도 울고, 나도 울었다. 헤어져 있는 아픔에서 얻은 기쁨이라고 할까? 그때부터 6개월을 보내고 지난 1월 28일 다시 아들은 미국으로 가게 되었다.

대구역 홈에 서 있으니까 어떤 감정이 가슴에서 불쑥불쑥 고개를 들었다. 그것을 눌러 참느라고 하늘을 보다가 먼 산을 보다가 하고 있는데 특급열차가 진입해 왔다. 아들의 부부와 그의 딸이 인사를 하고 차에 오르려는 순간, 아들은 말없이 아버지의 손등을 덥썩 잡았다. 나는 마침내 눌러 참고 있던 것을 터뜨리고 말았다. 그것뿐 말이 나오지 않았다. 목청이 꽉 막혀 버리는 것이었다.

열차는 서서히 움직이기 시작했다. 손을 흔드는 세사람의 얼굴이 보이지 않게 되고 기차의 뒷꼬리가 먼 곳으로 사라지자. 나는 하늘을 보았다. 하늘은 파란 빛깔을 깔고 무심하기만 했다. 돋보기 안경속으로 손수건을 몇번이나 넣으면서 어정어정 기차역에서 빠져 나오고 있었다.

(1967)

짝을 잃은 할머니

이층 아파트에서 내다보면, 앞에 나즈막한 산이 보인다. 그곳이 나의 놀이터이다. 여름이면 그 속에서 매미소리가 소나기 같다. 가을이 되면 도토리 떨어지는 소리가 한가롭다. 매미소리는 언제 들어도 어릴 때의 향수를 자아낸다. 그때는 나무가 상당히 높아도 눈에 뜨이기만 하면 다람쥐 모양 기어 올라갔다. 가까이 가면 보리매미(쓰르라미)는 오줌을 찔끔 싸놓고, 날아가 버린다.

지금은 쳐다보기조차 힘든다. 바빠할 이유가 없어서 한발 한발 천천히 다리를 옮기고 있으면 뒤따라 오던 사람이 앞지른다. 그때 나는 옆으로 비켜 준다. 어떤 사람은 '수고하십니다' 하고 인사말을 던진다. 개방된 성격이리라.

가을이었다. 그날도 환한 아침을 헤치면서 산기슭에 이르렸을 때 중턱에 하얀 덩어리가 보였다. 올라가 보니 흰옷 입은 할머니였다. 나는 반갑게 인사를 했다. "할아버지는 왜 안 오셨어요?" 물었더니 "죽었어요" 한다. 단호한 대답이었다.

봄이 되면 노인 두 사람이 매일 그 산에 왔다. 할아버지는 물통을 들고 올라올 때도 있고, 얼음주머니를 들고 오기도 했다. 배추·고추·가지·오이 등을 심어놓고 아기 키우듯이 돌봤다. "연세가 얼마나 되십니까?"고 물었더니 여든네살이라 했다. 나보다 다섯 살이나 많은데도 움직이는 동작은 더 빨라 보였다. 키가 작고 체소했으나 다부지게 생겼다. 할머니는 산에 올라갈 수가 없어서 언제나 산기슭에 앉아 할아버지를 기다렸다. 할머니 나이는 여든여섯이라 했다. 두 분에게 나는 만날 때마다 착실하게 인사를 했다.
100년 해로가 저런 것이로구나를 느꼈다.

그런데 고추가 콩알만큼 맺힐 때부터 두 사람은 보이지 않았다. 여름이 다 가도록 나타나지 않았다. 나는 혹시나? 하는 생각을 했다. 물을 뿌리지 않아서 배추, 고추가 시들해지기도 했다.
그것이 할머니 혼자 높은 곳까지 올라와 앉아, 내게 "죽었다"고 하지 않는가. 나는 가슴이 철렁했다. 돌아가신 할아버지보다 혼자 남은 할머니가 더 가엾다. 오죽 외로웠으면 산중

턱까지 왔으랴? 더 가까이 가 보고싶은 감정이 여기까지 오게 했으리라. 나는 그날 인생의 종말은 저렇다를 또 한번 느껴야 했다.

 짝을 두고 가 버린 할아버지,. 그 흔적을 더듬어 좇아 다니는 할머니! 대체 이 높은 곳까지 어떻게 왔을까, 거북이 모양 네다리로 기었을까, 할머니는 기운이 빠져 보였다. 더 물어볼 말이 나오지 않았다. "어떻게 내려 가시렵니까?" 할머니는 손을 뒤로 몇 번 흔들었다. 어서 빨리 올라가라는 신호로 읽었다.

 나는 다시 오르기 시작했다. 가면서 그 하얀 덩어리가 눈에서 떨어지지 않았다. 처녀시절, 신부시절, 중년을 넘기고 노인이 되어, 혼자가 된 할머니의 일생이 곧 인간의 역사가 아닌가! 그런저런 생각이 오가는 사이에 나는 산정에 이르렀다. 다리 팔을 흔드는 운동을 하지 않고 그날은 산을 내려가기로 결정한다. 예감과 같이 할머니는 그 자리에 그대로 앉아 있었다. 할아버지와 무슨 대화를 했을까?

 이리저리 쏘다니면서 나는 나무지팡이 하나를 만들었다. 할머니에게 잡아 보라고 내밀었다. 할머니는 반갑게 받을 뿐, 일어설 생각을 않는다. 자신이 없는 모양이다. 나는 손을 내밀었다. 내 손을 물끄러미 바라보더니 천천히 잡아 왔다. 생각이 있는 할머니로 보였다. 나무작대기 같은 감각이다. 두 손으로 일으켜 세운 후 한쪽 팔을 꼈다. 그러지 않고는 내려

갈 수가 없다. 할머니는 한덩이의 물체일 뿐이다. 끄는 대로 움직였다. 한발한발 떼놓을 때마다 긴장이 왔다. 경사가 급한 곳은 내가 할머니 앞에 섰다. 방패 역할을 해야 한다.

"할아버지가 하늘에서 보시고 질투하겠습니다" 침묵이 싫어서 한마디 던졌다. 할머니는 대답이 없다. 대답조차 귀찮아 보였다. 그대로 몇걸음을 더 갔을 때, "질투할 줄도 몰라요" 한다. "할머니를 굳게 믿은 모양이지요?" 하자 그제야 빙그레 웃는다. 그 말에 공감이 가서일까.

기슭에 내려왔다. 이어서 골목길이 나온다. 나는 손을 놓았다. 할머니는 혼자 걸음을 옮긴다. 가을의 산은 고요하다. 시끄럽던 매미소리도 멎고 우뚝 솟은 채 인간사에 관심이 없다. 할아버지가 오고 가든, 할머니가 외로와 하든 무슨 상관이랴?

조금 걸으면 갈림길이 나온다. 어느쪽이냐고 물었다. 나와 반대의 길이었다. "할머니, 안녕히 가십시오" 인사를 했다. 나도 모르게 허리가 조금 굽어졌다. 할머니는 멈추어 서서 나를 바라본다. 나는 곧 돌아섰다. 몇걸음을 옮기다가 할머니를 다시 돌아 보았다. 그대로 거기 서 있었다.

(2003)

겨울의 바다

 겨울 바다는 잠자는 듯이 조용하다. 들끓던 여름의 사람들은 다 돌아가고 드나드는 배의 수효도 줄었다.
 해변을 천천히 밟아본다. 바닷물에 씻겨진 모래는 습기를 머금은 채 맑다. 먼지가 와 앉으면 바닷물이 올라와서 씻어 놓는다. 멍석 같은 파도가 우루루 몰려와서 걷고 있는 나를 후다닥 놀라게 한다. 구두창에 바닷물이 와 젖는다. 벌레모양 스물스물 기어오다가 힘이 다하면 스르르 밀려 나간다. 몇 억만 년을 두고 반복해 온 파도의 운동이다. 모래 위에는 작은 조개껍질이 파편으로 반짝인다. 그것들도 먼 옛날에는 살아 움직이는 생물이었다. 생명은 가고, 껍질은 깨어지고 밟히고 씻기다가, 지금은 모래같이 작아진 껍질 조각이다. 많은 세월이 앞으로 또 지나가면 그 작은 파편조차 아주 보이지 않게 되리라!

걷던 발을 멈추고 수평선 쪽으로 눈을 보낸다. 젖가슴같이 부풀어오른 바다의 중심은 거대한 동물이 누운 등심대와도 같다. 그 등심대 위에 배가 지나가고 있다. 가물가물한 먼 곳으로 진행하고 있는 배는 움직이고 있겠지만 해변에서 볼 때에는 제자리에 멈추어 선 것만 같다.

바다 저쪽 끝은 어디일까? 지도를 펴놓고 보면 곧 알 수가 있다. 옛사람은 끝도 없는 바다의 저편을 무엇으로 상상했을까? 중국사람들은 '지地는 방야方也'라고 해서 땅을 모난 것으로 판단했다는데 그렇다면 바다는 둥근 원으로 보았을까? 아니면 공 같은 것으로 보았을까? 사람의 꿈은 바다의 저쪽 아득한 먼 곳과 같이 몽롱하기만 하다.

보일 듯이 보이지 않고 끝도 없는 미래가 항상 앞에서 어른거리고 있다. 바라보고 있는 눈앞에 갈매기 한 마리가 날아온다. 휘적휘적 날개를 크게 저으면서 시원스럽게 난다. 바닷물에 목욕을 해서일까? 몸 전체가 눈덩이처럼 희다. 장 속에 갇혀 있는 닭은 털빛이 언제나 꾸즈므레하다. 똥이 묻고 흙이 묻어도 씻을 수 없기 때문이다. 갈매기는 넘실거리는 바닷물에 깃을 털고 허공을 자유롭게 날아서 몸이 가볍다. 날고 있던 갈매기는 목을 아래로 쑥 빼서 수면을 한번 노려보고는 휘적휘적 날개를 더욱 크게 흔든다. 방향을 바꾸면서 저쪽으로 날아간다. 눈에 들어오는 고기가 없는 모양이다.

파도가 대열을 이루면서 차례로 해변을 기어오른다. 오르다가는 내려가고 내려가다가는 또 오른다. 기어이 한번은 뜻을 이루어 놓고야 말겠다는 집념이다.

'파도야 날 어쩌란 말이냐?'

유치환 씨가 쓴 시의 한 구절이다. 정말 날 어쩌란 말이냐고 묻고 싶도록 파도는 집요한 반복을 계속하고 있다.

겨울바다를 찾아온 젊은 여인 한 사람이 바닷가에 서서 먼 곳을 바라보고 있다. 꼼짝도 않고 생각을 모으고 있다. 겨울바다가 그리워서 온 사람일까? 아니면 정리해 볼 생각이 있어서 온 사람일까? 여인의 표정에는 외로움이 보인다. 사람의 마음은 한 꺼풀 가슴 속에 들어 있다. 한 겹만 벗기면 그 속에 마음이 들어 있지만 가슴 속의 비밀을 알 수가 없다. 앞으로 과학이 더욱 발달해서 가슴에 든 마음을 알아낼 수 있다면 그때는 더욱 살기 좋은 세상이 될까? 아니면 더 어려운 세상이 될까? 해안선을 따라 걷고 있던 나는 피로를 느끼고 주위를 살펴본다. 쉬어 갈 수 있는 곳을 찾아보고 싶어서이다. 바다에서 조금 떨어진 언덕에 천막을 둘러친 가설 다방 하나가 보인다. 그곳으로 발을 옮긴다. 기둥 몇 개를 세워 얽은 소박한 가설 다방이다.

여름의 들판을 지키는 원두막모양 겨울바다를 지키는 가

설다방은 그런대로 운치가 있다. 들어가니까 덥수룩한 장발 머리의 젊은 사나이가 가까이 다가오면서 '무슨 차를 들겠느냐?'의 자세를 보인다. 넓은 바닷가의 다방에는 체구가 큰 사나이가 어울린다고 생각했을까? 아니면 겨울바다를 찾아오는 외로운 여인을 위해서 사나이가 잠시의 위로가 된다고 생각해서일까?

천막 다방 안에는 난로 하나가 외롭게 타고 있다. 난로를 끌어안은 듯이 나는 가까이 앉는다. 미지근한 난로의 온도이지만 춥고 의지하고 싶은 정을 느낀다. 외로우면 누구나 정이 그립다. 차가운 불에 여인의 손길 같은 열이 전달된다. 부드럽고 따스하고 은근하다. 바다쪽에서 쏴쏴 소리가 난다. 바람소리같기도 하고 파도소리 같기도 하다. 귀를 죽이고 그 소리를 구별해 본다. 역시 파도소리 같기도 하고 바람소리 같기도 하다. 한곳에서 일어나는 작은 소리가 아니고 전면을 압도해 오는 거대한 소리이다.

'나의 귀는 소라껍질, 파도의 소리를 듣는다' 라는 시가 생각난다. 옛사람이나 지금 사람이나 받아들이는 감정에는 다름이 없다.

가설 다방에서 밖으로 나온다. 다시 파도가 왔다갔다 하는 해변에 선다. 먼 곳 동쪽에 길다란 방파제가 큰 벌레처럼 누워있다. 방파제 위에는 사람이 한 사람도 없다. 들끓던 여름의 사람은 다 어디로 간 것일까? 생각에 잠겨 있던 아까의 여인도 지금은 간 곳이 없다. 해안선을 따라 몇 쌍의 남녀가 산책을 즐기고 있다.

  겨울의 바다는 한적하다. 분주한 잔치가 지나간 뒷날과도 같다. 넘실넘실 몸 전체로 흔들고 있는 바다는 작은 인간사에 관심이 없다. 영원에서 영원으로 뻗은 시간을 싣고 바다는 단순과 광막의 표정으로 그곳에 황량히 누워 있을 뿐이다.

(1968)

구름에 달 가듯이

무료한 때가 있다. 일거리를 만들어야 한다지만 어디 쉬운가. 연령에 맞고, 적성에 맞고, 체력에 맞는 일거리는 세상에 많지 않다.

아침의 산책, 늦은 시간의 식사, 세수를 끝내면 아침 10시가 된다. 가야 할 곳도 없고, 부르는 사람도 없고, 꼭 읽어야 할 책도 없다. 커피 한 잔을 만들어서 3층 건물의 유리창가에 앉으면 길 건너의 맞은편 집이 보인다. 5월의 새싹이 가지마다 무수히 열려서 정원 가득히 서 있다. 나무는 집주인이 심어 놓았지만 감상은 내가 더 많이 한다는 생각도 해 본다. 거기 참새가 앉아서 짜륵짜륵 울고 있으면 봄날의 산골짜기를 연상한다.

나무에 취하는 감정도 잠시, 나는 또 다른 욕구를 일으킨다. 라디오의 스위치를 돌려놓는다. 왕-하면서 음악이 터져 나온다. 고전음악이다. 누구의 어떤 곡인가는 모르기도 하지만 그런 것은 아무래도 좋다. 또 선택의 자유도 없다. 보내주는 대로 듣기만 하면 된다. 생활에도 변화가 있어야 되는 모양, 음악에도 선율에 변화가 많다. 개울물처럼 잔잔하던 흐름이 갑자기 노도처럼 사납게 뛰다가 다시 잔잔한 흐름으로 돌아가기도 한다. 가슴으로 파고 들어가는 음악은 몸 전체를 짜르르 떨게도 한다. 음악으로 육체를 청소한다고 할까 감정뿐 아니라 육체의 내면 깊은 곳까지 동요를 일으키는 사실은 육체의 청소도 된다. 광활한 평원을 달리는 때는 나도 함께 들녘 사람이 되고, 맑고 높은 꿈을 더듬을 때는 20대의 청년으로 돌아가기도 한다.

점심을 먹고 나면 어디든 가야겠다는 생각을 한다. 온종일 한 곳에 있을 수는 없다. 밖에는 오월의 푸른 기운이 바람을 타고 넘실거린다. 발걸음은 어느덧 서실로 향한다. 10년을 넘도록 붓글씨를 써 왔지만 진전이 없다. 좀 나은 듯하다가 다시 돌아가고…. 그 반복의 연속이 있을 뿐인데도 싫증은 나지 않는다.

"안녕하십니까?"하고 들어서는 나를 반겨주는 사람은 서실의 원장님이시다. 그도 학교에 근무하다가 정년퇴임을 하고 서실을 열었다. 시간 보내기가 좋다고 하는 원장님은 순수하고 소탈하다. 손수 불을 때고 차를 끓이는 동작을 도와서 마주 앉으면 제한없는 화제의 꽃이 핀다. 학생들이 몰려 올 때까지는 그도 한가한 시간이다.

글씨를 쓴다기보다 사람을 만난다고 할까? 어떤 때는 붓 한 번 잡아 보지도 않고 이야기만으로 서실에서 나온다.

다음에는 어떻게 하나? 시간은 앞에도 남고 뒤에도 남는다. 나는 홍수처럼 흐르고 있는 시간 위의 부표가 된다. 나가라고 떠미는 사람도 없는데 밀리는 사람처럼 서실 밖의 사람이 된다. 목적도 없이 버스 정거장 쪽으로 발을 옮긴다. '어디로 가나?' 하는 의식조차 버리자. 버스가 가는 곳까지 가고, 갔다가 다시 돌아오면 된다. 어느덧 나는 버스 안의 사람이 된다. 창으로 날아 들어오는 바람이 좋다. 먼지 바람이 아니고, 5월의 푸르고 맑은 바람이라고 착각을 한다. 그 착각이 더욱 정확하기를 기대한다.

『서울은 만원이다』라는 소설제목이 생각난다. 그 때가 이십 년 전이었으니까 지금은 '초만원이다' 해야 될까? 밀려오는 수많은 차량이 그대로 기계의 물결이다.

바다의 파도가 다음으로 다음으로 해변을 향해 몰려오는 장면이다. 그러나 오면 어떠랴? 뒤에도 차, 앞에도 차이지만 나는 버스 안의 안전지대에 앉아 있다. 소란속의 평화에 오히려 매력을 느낀다. 마음속에 들길을 연상하기도 하고 강변의 흰 모래를 연상하기도 하면서 서울이라는 도시를 떠난다. 그것은 내게 주어진 완전한 자유다. 그 자유를 누릴 수 있는 나를 다행으로 생각한다.

 버스가 한강 다리 위로 올라간다. 왼쪽을 보아도 물결, 오른쪽을 보아도 물결이다. 말없이 흐르고 있는 한강에 끝없는 믿음이 간다. 한강은 표정이 없으면서 또한 있다. 항상 그대로 흐르고 있으니 표정이 없고, 항상 잔잔하게 물결을 치고 있으니 표정이 있다. 몇십만 년을 흘러 왔을까 지구가 생기고부터 흐르기 시작했다면 몇억만 년이 될까. 그때의 그 표정이 한강의 얼굴이라면 영원은, 바로 한강 위를 흐르고 있다.

 "구름에 달 가듯이 가는 나그네"

 강물 위에 와서일까? 문득 이러한 시구가 날아 들어온다. 그렇다! 나는 구름에 달 가듯이 가고 있는 지구위의 나그네가 아닌가. 상상은 더욱 넓어지면서 달과 별과 해와 땅 사이를 가고 있는 내가 된다. 그것은 너무도 정확한 나의 파악이다. 내가 만약 달 속의 사람이었다면 그 또한 별과 달과 해와 지구 사이의 나가 아닌가? 우주가 무한대하다면 그 무한대의 중심에 나는 언제든지 존재하고 있다. 무한대에는 변두리가 없다. 변두리가 중심이고, 중심이 곧 변두리가 된다. 그리하여 나는 무한대의 주인이 된다. 나라는 개체個體를 버리면 무한대가 있을 뿐이다. 그 무한대가 곧 나이고, 내가 곧 무한대가 된다. 비로소 나는 나를 초월한다. "구름에 달 가듯이 가는 나그네"는 진짜로 나그네일 뿐 그 존재는 나와 상관없는 그 무엇이다. 무료하다는 것은 나를 나에게서 떼내는 시발점인지도 모른다.

(1970)

부부

 밤중에 잠을 깰 때가 있다. 대개는 용변 때문이다. 일어나서 툇마루를 지나 마당에 내려서면 어떤 때는 달빛이 환하다. 오밤중에 보는 둥근 달은 신비하기조차 하다. 티없이 트인 달의 얼굴에서 자신의 마음을 보는 것 같다. 달처럼 환해진 것 같은 자기 마음에 대한 착각이리라. 화장실이 마당을 건너가야 나타나기 때문에, 밤에 달을 보는 것은 화장실로 해서 얻는 부수입이다.
 달빛이 아까워서 마당에서 좀 서성거리다가 다시 방으로 돌아온다. 문을 다 열어 놓은 방안은 달빛의 여광으로 사람과 물건을 낮같이 볼 수 있다.
 방에는 아내가 혼자 잠들어 있다. 아내의 나이는 지금 오십에 육박하고 있다. 여름이어서 이불을 걷어찬채로 아무렇게

나 뒹굴고 있다. 모기장 속에 갇혀서 세상을 잊고 있는 아내의 몸 전체를 벽에 걸린 그림처럼 바라본다. 낡은 기계가 된 아내의 몸은 많이 쇠잔해 있다. 통통하고 몽실몽실했던 30년 전의 곱던 피부는 기억조차 희미하다. 어깨의 뼈, 기운을 잃은 팔뚝, 장다리는 나무 작대기모양 꼿꼿하기만 하다.

아내는 신부 때 턱 모양이 예뻤다. 동그스름한 선이 잘 만든 빵떡을 연상시켰다. 빵떡 같다고 하면서 소녀를 다루듯 턱을 만지려 들면, 겨우 빵떡이냐면서 내 손을 되밀었다. 그 턱도 이제는 고무 주머니가 되었다. 몸의 어느 한 부분도 아름답다든가 예쁘다고 느껴지는 대목이 없다. 앞으로 시간이 또 지나가면 주름은 더욱 많아지고, 볼은 더욱 깊어지고 피부는 나무껍질이 될것이다. 그러나 육체 때문에 아내가 옛날보다 더 미워진다고는 생각되지 않는다.

50년이라는 시간이 만들어 놓은 아내의 엉성해진 골격을 바라보면서 나는 한 인간의 역사를 보는 감회가 된다. 좋게 말해서 인생의 완성이나 정리기라고 할 수 있고, 다르게 말해서 인생은 허무요 비참이다.

그래도 사람들은 현명하다. 자기의 늙음에 대해서 말이 없다. 생각하다 생각하다 말을 잃었는지 모른다. 말해 보아야 소용없는 일이라고 체념을 하였는지 모른다.

결혼하던 첫날밤 나는 너무도 숫된 스물두 살의 남자였다.

여자에 대한 체험이 없었던 나는 가슴만 두근거렸다.

당시의 풍속대로 아내의 옷을 벗기려 들었다. 몸에 손이 닿는 것을 의식한 아내는 어쩔 줄 모르는 기색이었다. 그도 나이가 너무 어렸던 것이다. 내가 하는 대로 몸을 맡겨 놓기는 해도 움찔움찔 놀라는 표정이었다. 아내라기보다 나에게는 처음으로 몸을 가까이 하는, 한 사람의 여인이었다. 밤이 깊어지고 문구멍으로 엿듣던 사람들이 흩어져 가자, 그제야 말을 걸어 보았다. 무엇을 처음 물었는지 지금은 기억할 수 없다. 묻는 말에 아내는 순순히 대답을 했다. 고요하고 다정한 음성이었다. 생각보다는 대담한 대답이었다. 내 귀로 들어간 첫여인의 음성이라고 할까? 말의 내용은 잊었지만 이 세상에서 처음으로 듣던, 신선하고 고요하고 다정한 음향이었다.

나는 그때 동작이 너무 서툴렀다. 둔하고, 어색하고 촌스러운 몸짓이었다. 한 번 더 결혼을 한다면 옛날 같은 그러한 서툰 동작은 안 하리라 생각되지만, 그때 서툴렀기 때문에 지금도 당시의 기억이 더욱 생생하다.

사람들은 첫사랑을 자랑삼아 이야기한다. 나의 첫사랑의 대상은 바로 아내였다. 정이 들기 시작한 나는 대단한 연정으로 연애 감정에 빠져 들어갔다. 아내는 친정에 있었고, 나는 직장 때문에 먼 곳에 혼자 가 있었다. 당장 살림을 차릴 사정이 못되었던 것이다.

애인을 생각하듯 나는 온종일 아내 생각에서 떠날수가 없었다. 아내의 사진 한 장이 유일한 위안물이었다. 서랍 속에 넣어 두고 하루에도 몇 번씩 꺼내 보았다. 눈, 코, 입의 모양, 빵떡 같은 턱, 그리고 전체의 표정이 볼 때마다 나의 마음을 움직였다.

사람들은 그래서 사랑에 미치는 모양이다. 편지도 많이 썼다. 연애 편지와도 같았다. 가진 마음을 그대로 전하고 싶었다. 아내에게서 편지가 오면 외울 정도로 반복해서 읽었다. 편지 중의 어떤 구절은 가슴속 깊은 곳을 만족시켜 주는 참 감미로운 충격도 있었다.

나는 그때의 감상感傷을 소중한 나의 인생의 재산으로 지금도 가지고 있다. 아내가 아닌 다른 여성이었다면 첫사랑의 감정이 그와는 다르게 나타났을지도 모른다. 아내와의 애정과, 아내 아닌 다른 이성과의 애정은 질에 있어서 많이 다르다고 한다. 그렇다면 첫사랑의 감정도 다를 수 있을 것이라고 생각해 본다.

잠들고 있는 아내의 표정은 양처럼 평화롭다. 늙었지만 어린아이의 얼굴처럼 순진해 보인다. 자고 있는 악인은 없다는데 아내가 악인이었다 해도 저렇게 평화롭게 보일까?

신부 때와도 같은 얌전도 없고, 여성이 가지는 조심성도 없다. 아내는 두 팔을 활짝 벌리고 멋대로 자고 있다. 나이가 많아지면 여성은 중성中性이 되어 간다. 옛날과 같은 여성을 아내에게서 찾을 수는 없다. 다만 있다면 30년 동안 고락을 같이 해 온 역사의 부피이다. 전우애와도 같은 믿음이라고 할까? 아내 때문에 속을 썩힌 일도 있었다. 그러나 과거는 현재 앞에서 힘이 약해진다. 나이 앞에서는 더욱더 약해지는 모양이다. 나는 때때로 아내와 나에게 남아 있는 인생의 길이를 생각해 본다. 10년일까. 20년일까? 그래서 어느날 한쪽 편이 훌쩍 먼저 영원에의 여행을 떠나간다면 남은 한 사람은 어떻게 될까?

때때로 잡지에서 아내를 잃은 외로움을 쓴 수필을 읽는다. 수필을 쓰고 수양이 되고 연령이 높아진 사람도 외로운 심정을 안에 가두어 두기는 괴로운 모양이다. 그 수필을 읽으면 동정과 이해와 공감이 간다. 그러나 수필을 쓴 사람뿐 아니고, 누구나 한 번은 겪어야 하는 인생의 한 과정이라고 생각할 때 나 자신의 일처럼 적막해진다.

밖에는 달이 밝다. 성장한 아들 딸들은 다른 방에서 깊은 잠에 떨어졌다. 넓은 우주 공간에 나와 아내만이 남아 있다는 공허감이다. 나는 베개를 당겨서 자리에 눕는다. 잠이 곧 올 것 같지 않다.

어디에서 귀뚜라미가 운다. 여름이 깊어진 모양이다. 또르륵 또르륵 또르륵! 한참 동안을 울더니 뚝 그친다.

귀뚜라미도 무슨 생각을 해 보는 모양이다. 다시 또르륵 또르륵 하면서 울어댄다. 밤이 외로워진다. (1976)

인격의 유혹

'식당과 요정' 하면 식당 편이 좀더 점잖고 조용한 곳 같다. 식당은 식사나 하는 곳이니까 처음부터 요정과는 개념이 다르다. 한데 식당에서도 술을 팔고 접대하는 여성이 있고 노래도 부르며 즐기기도 한다. 어떤 차이에서 식당과 요정을 구별하는지, 이용이나 하는 우리로서는 한계를 잘 모르겠다. 한데도 당국에서 가끔 '공무원 요정 출입 금지' 할 때는 식당은 제외되는 모양이다.

한계야 어떻든 동료 10여 명이 식사의 용무로 어느 식당에 들르게 되었다.

음식과 함께 접대하는 여성이 4, 5명 따라 들어왔다.

식당이니까 노래를 한다거나 위안을 위해서 참석했다기보다 식사의 편리를 위해서 시중 들러 온 것이다.

손님들 사이에 적당한 거리를 두고 끼어 앉는다는게 그 중 한 사람은 나의 옆에 오게 되었다. 보니까 눈이 댕그랗고 표정이 아주 맑은 소녀였다. 스물 둘은 되었을까? 성명을 대고 능숙한 솜씨로 음시에 손을 나누면서 손님들에게 먹기를 권한다. 접대로 나오는 소녀들 가운데는 자기의 무식을 감추기 위해서 유식한 말을 쓴다는 게 도리어 무식을 노출해 버리는 수가 있는데 이 소녀는 자연스러운 말 속에 감추지 못하게 학력이 조금씩 빚어져 나온다.

동작과 대화와 표정이 어딘가 비속한 데가 있다 느껴진다. 발음도 분명하고 화술도 좋고 얼굴도 잘 생겼다는 인상이다. 여고쯤 나왔으리라.

그런데 내가 너무 처음부터 높여 보는 선입감 때문에서일까? 손님에게 잘 동화되면서도 자기를 강하게 붙잡고 있다는 개성이라고 할까? 순수라고 할까? 그런 성격의 내부가 직관으로 느껴진다. 다방이나 음식점에 종사하는 여성들 가운데는 소박과 순결을 장식으로 꾸미는 사람이 있다.

대개의 남성들은 여성들에게서 소박과 순결을 찾고 있다는 것을 그들도 잘 알고 있다. 그래서 배우 모양 연기를 하는 여자가 있다. 한데 이 소녀는 그런 가림이 안 보인다. 말은 오히려 남발인데, 꼭히 손님의 비위만을 위한 것도 아니고, 손님들의 손이 닿아 오면 적당한 거절도 한다.

얼마간 시간이 지나가자 일행은 주흥에 겨워, 이쪽으로부터 관심이 멀어져 갔다. 나는 소녀와 이야기를 하고 싶은 충동으로 질문을 했다.

"손님들의 유혹을 막아낼 자신이 있느냐?"고… 손님과 자기 사이를 끊어 놓으려는 소녀의 노력이 너무 분명했기 때문에 물어 본 질문이었다.

소녀는 잠간 생각하더니 어느 날 일기에 썼다는 이야기를 했다.

"어떤 남자는 돈으로 유혹하려 하고, 어떤 남자는 기지로서 유혹하려 하고, 어떤 남자는 얼굴로 유혹하려 하고, 어떤 남자는 지식을 가지고 유혹하려 한다. 그러나 나는 그 모든 유혹을 이길 자신이 있다. 유혹은 그들이 나를 끌려는 힘이기보다 내가 그들에게 끌리는 힘이다. 그런 뜻에서, 나는 앞의 여러 가지 유혹에 끌리지 않을 자신이 있다. 하지만 한 가지 유혹에는 자신이 없다. 그것은 인격의 유혹이다. 나는 인격의 유혹에 약하다. 인격의 유혹이 나에게는 가장 무서운 유혹이다."

하는 내용이었다.

나는 소녀의 분명한 그 판별력에 놀랐다.

'인격의 유혹!'

과연 적절한 표현이란 생각이 들었다. 그래서 '인격이 만약 아가씨를 유혹하려 들었다면 그건 아마 참된 인격이 아닐 거야?' 하는 과제를 주었더니,

"그 때문에 유혹은 남이 나를 끄는 것이 아니고, 내가 남에

게 끌리는 것이라고 하였지 않아요?"한다.

 소녀는 이어서 자신의 사생활을 설명했다. 물론 그것은 나에게만 털어놓은 공개였다. B시가 고향인데 고 3때 연애를 해서 졸업 후 결혼할 뜻을 부모에게 폈으나 부모가 허락하지 않아서 가출을 하였다고 한다. 남자는 지금 입대 중인데 5개월 후에 제대를 하면 곧 결혼하겠다는 것이었다. 부모의 허락을 어떻게 받느냐고 물었더니, "결혼을 한 다음에야 부모인들 어떻게 하겠어요"하면서 자신이 만만하다.

 나는 처음의 소녀에 대한 판단이 과히 틀리지 않았음을 알았고, 그모양 배후에 강한 사생활을 가졌기 때문에 감추지 못하게, 개성과 자기 보호의 의식이 분명한 것을 알 수 있었다. 그리고 소녀가 일기에 썼다는 그 '인격이 유혹'에 대해서 말이다. 소녀가 인격의 유혹을 느낀다는 건 인격을 발견할 줄 안다는 뜻이 아닐까? 접대의 일을 맡는 여성들은 대개가 돈과 권력과 용모의 유혹을 받는 게 보통이다. 인격의 유혹은 너무 완만하고 너무 깊고 너무 비행동적이어서, 오늘의 관능에 눈 뜬 사람에게는 환영되지 않는 유혹이다.

 그런데 이 소녀는 인격의 유혹이 가장 무섭다고 하였다. 소녀가 말한 인격의 유혹도 남자 편에서 보면 일종의 유혹의 수단이라고 할지 모른다. 그러나 소녀의 인격 판정이 정확하다고 본다면 소녀 안에는 참으로 소중한 무엇이 감추어져 있다.

 소녀는 남성에 대해서 아직은 희망적이다. 접대를 맡는 여성은 상당한 수가 남성에 대해서 비관적이다.

'남자는 모두 도둑놈이다' 하는 생각을 가지고 있다.

어느 여학교의 교장 선생님은 학생들에게 교훈삼아 내거는 경구가 있다. 그것은 '남자는 모두 이리다' 하는 말이란다.

(1956)

맑고 흐르고 사납고

흐르는 것은 물만이 아니다. 세월도 흐르고 별똥별도 흐르고 인생도 흐른다.

낙동강 칠백리는 소백산에서 시작한 물이 칠백 리를 굽이굽이 돌아서 부산에 이르고 마침내 바다에서 끝이 난다.

인생도 그렇다. 어머니 뱃속에서 잉태하여 자궁을 거쳐 출생이 되면 70년 80년 100년을 살다가 마침내 죽음에 이른다.

인생의 끝과 강물의 끝은, 한곳에 모인다는 공통점이 있다. 바다에 강물이 모여 밤낮없이 파도로 출렁거리듯이 사람의 죽음, 또한 몇 만 년 동안 한곳에 모여 바다처럼 출렁거리고 있는지 모른다. 그 증거로 바닷물이 뒷날 다시 수증기로 올라가 구름덩이가 되듯이 사람 또한 환생이 되어 다른 어떤 생물로 태어난다고 하지 않는가? 과학에서는 물질불멸설을 이야기한다. 한번 생긴 물질은 소멸하지 않고 영원히 우주 안에서 돌고 돈다는 이론이다. 중국의 옛학자는 천운이 순환에 무왕불복天運循環 無往不復이라 하여 하늘의 운기는 갔다가 돌아오지 않음이 없다고 했다.

물이든 사람이든 한번 생기면 있고 없음이 반복된다는 의미가 아니겠는가.

물은 변용의 재주꾼이다. 산속 작은 골짜기에서 흘러나와 이 산, 저 산의 물을 모아 몇십 미터의 낭떠러지에 이르면 폭포가 되어 용감한 낙하를 한다. 그 부서지는 광경은 장관을 이루고, 사람들은 차비를 써 가면서 폭포 구경을 나선다.

깊은 저지대에 이르면 물은 얼마동안 호수가 되어 고요를 다 모았듯이 평화로운 낮잠을 잔다. 사람들은 그것을 보고 명경지수明鏡止水라는 문자를 쓴다. 인간도 그렇게 흔들리지 말고 고요하게 밝게 살고 싶다는 소망이리라.

경사진 지대를 흘러갈 때는 와락와락 소리를 내면서 여울물이 된다.

나는 초등학교에 다닐 때, 여울물을 많이 건너 다녔다. 학교가 강물 건너에 있었기 때문이다. 비가 많이 와서 나무다리를 밀어버리면 바지를 벗고 여울물을 건너야 한다. 물이 허벅다리에 올라오고, 다음은 고추 끝에 이른다. 작은 고추가 물결에 닿아 달랑달랑할 때는 우습기도 하고 겁도 났다. 그래도 계속 걷고 있으면 물은 허리에 차오르고 배꼽까지 묻는다. 그

때 바지가 허리띠에 묶여 머리와 한 덩어리가 되어 있다. 여울물은 나를 밀어 내려고 물살이 이 더 급해지지만 나는 기어이 버티고 천천히 아주 천천히 발을 떼 놓는다. 마침내 저쪽 강가에 이르면 머리 위에 얹었던 바지를 바쁘게 풀어 다리를 꿰어야 한다. 고추를 누가 보면 어쩌랴? 누구나 다 가진 고추를 왜 그토록 감추고 아꼈던지 알 수가 없다.

물은 기체, 액체, 고체의 세 가지를 넘나든다. 북극 남극의 극한지대에서는 몇 만 년 동안 빙산으로 살고, 세계적인 고산지대高山地帶에는 꼭대기에 눈을 이고 설산雪山이라는 풍경을 만든다.

사람들의 호기심은 이상하다. 생명을 걸고 그 설산을 밟으려고 한 발 한 발 올라가기도 한다.

며칠전에는 태풍과 장맛비가 우리 땅에 왔다. 하늘에서 떨어진 수많은 양의 물이 집을 떠내려 보내고, 가재도구를 엉망으로 흩어 버리고, 가족을 몽땅 물 속에 잠기게도 했다. 그 때는 물이 공포의 대상이 되지만 그러나 물이 없고는 사람 뿐아니라 일체의 생물들이 생명을 유지할 수 없는 식품이 되기도 한다. 만약 물이 없었다면 지구위에는 한 마리의 생명체도 살아남을 수 없었으리라. 넓고 넓은 지구의 대평원에는 모래만이 사막이 되어 바람에 흩날리고 있을 것 아닌가.

옛날부터 정치인에게는 치산치수治山治水가 중요한 정치의

과제였었다. 그러나 지금도 그렇다. 태풍과 함께 오는 물의 발호를 무엇으로 감당하며 화산이 터지고 높은 언덕이 무너지는 산사태가 나면 우선 정치인부터 바라본다. 그것은 너무도 엄청난 사건이어서 개인으로는 어찌할 수도 없다. 대통령 선거, 국회의원 선거가 있을 때마다 국민의 안정과 더불어 치산치수를 누가 잘 하느냐에 신경을 모은다.

  물은 맑고 시원하고 맛이 있지만, 노하면 사납고 거칠고 더러운 존재로 급변한다. 인간과 너무 가깝게 친하면서도 한편에서는 항상 두렵고 무섭고 멀어지게 하는 잠재력을 가지고 있다.

(2006)

수필과 잡문

 논문도 아니고 문학 작품도 아닌, 호적을 밝히기 어려운 글을 통틀어서 잡문이라고 하는 것같다. 논문이 사물을 해부 분석해서 작자의 주장을 선명하게 드러내는 데에 목적을 가지고 있다면, 잡문은 처음부터 그러한 의도가 없거나, 있다해도 그 해부와 분석이 미진하거나 처음부터 의도가 빗나가는 특징이 있다. 따라서 잡문은 논문의 자격도 갖추지 못하고, 문학 작품에도 미치지 못했을 때 붙여지는 일시적인 이름인 것 같다.
 그런데도 잡문은 가끔 문학 작품이 아닌가 하는 혼란을 유발한다. 문학 작품 중에서도 특히 수필과 혼돈을 많이 일으키고 있다. 그 이유는 수필이 가지고 있는 문장적인 특징과 유사한 요건을 가지고 있기 때문이다.

수필은 표현 형식이 자유롭고, 대부분 1인칭의 호칭을 사용하고 있다. 다른 문학인 시·소설·희곡은 형식이 대체로 고정될 뿐 아니라. 인칭은 작가 자신을 가리키지 않고 작품속의 주인공을 지칭하고 있다.

그런데 수필과 잡문은 다같이 '무형식의 형식'이라는 자유로운 형태에 의해 쓰여지고, 인칭도 대부분 1인칭을 함께 쓰고 있다. 또 그 1인칭이 작품속의 주인공이 아니고, 바로 작자 자신을 가리키고 있다. 그러면 무엇으로 수필과 잡문을 구별할 것인가. 어떤 사람은, 글이 담고 있는 내용에서 수필은 인생과 자연을 주로 다루고 있지만, 잡문은 지식이나 도덕·시사같은 소재를 내용으로 하고 있다고 말한다.

그러나 그것도 어떤 것을 소재로 하든, 요리하는 각도와 솜씨에 따라 수필도 되고 잡문도 된다는 말이 있다. 다같은 나뭇잎을 식량으로 하면서 누에는 깁실이라는 섬유질을 뽑아내지만, 염소는 동그랗고 작은 배설물만 내놓는다. 그렇다면 무엇이 수필과 잡문을 구별하는 기준이 되는 것일까?

가장 분명한 구별은 주제에 있다고 생각한다. 수필의 주제는 인생과 자연, 문화의 진실을 지적하는 데에 목적을 두고 있다. 그것도 감정이라는 기름을 곁들여서 문학성을 확보한다. 하지만 잡문은 자극·이해·경고·질책·교정에 목표를 둔다. 따라서 잡문은 특정된 사실을 특정된 사람에게 한정한다. 그러나 수필은 독자를 한정하지 않는다. 사람·지역·빈부·직업·유식·무식을 구별하지 않는다. 따라서 공간과 시간을 초월한다. 문학 작품이기 때문이다.

그런데 잡문은 제한된 시간에 일어나는 제한된 문제를 제한된 사람에게 전달하려는 의도가 있다. 그리하여 서술어의 말미에 지시·권유·명령·강요의 말이 들어가기도 한다. 즉, 잡문 문장속에는 '……어야 한다.', '……않으면 안된다.', '……하자.'라는 표현이 나타나게 된다. 그 반면, 수필은 누구를 향해서 발언하는 내용이 아니기 때문에 객관적인 표현에 그친다.

잡문이 때로 독자에게 수필보다 더 강렬한 호소력을 갖는 것은 제한된 대상에게 제한된 문제를 바로 전달하기 때문이다. 굶어죽기 직전의 한 어머니에게 동물도 그러지 않는데, 하물며 어떻게 자기 자식을 길거리에 버릴 수 있느냐고 지적했다면 그것은 잡문이다. 예컨대 신문에 나오는 '수필 컬럼'은 그래서 대부분 잡문으로 판정을 내린다. 다만 컬럼도 그 속에 인간에 대한 영원하고 근원적인 문제를 고백 형식으로 썼다면 수필로 대접받을 수 있다.

수필은 내용을 독자의 가슴에 전달하지만, 잡문은 독자의 머리에 전달한다. 수필은 예술에서 오는 감동을 주지만, 잡문은 교육과 질책과 죄책을 준다. 수필은 '무목적의 목적'이라는 쾌감과 해방을 주지만, 잡문은 독자에게 부담을 준다. 그렇다고 해서 수필이 반드시 잡문보다 독자에게 유익하다고 단정지을 수는 없다. 글의 목적이 제각기 다르기 때문이다.

매월 잡지에는 수많은 수필이 발표되고 있다. 그 수필속에는 잡문이 상당수 섞여 있다. 그런데도 수필이라는 개괄적인 표제를 달고 목차를 꾸민다. 그러나 잡지 편집자에게 책임을 묻고 싶지는 않다. 수필과 잡문의 구별이 어려울 뿐 아니라 때로는 독자가 잡문을 더 읽고 싶어한다. 변화와 재미와 자극을 주기 때문이다.

하지만 수필가 자신은 이를 구별해야 한다. 그 단순한 구별은 자신이 써놓은 수필이 백 년 뒤, 5백 년 뒤에도 읽혀지겠느냐를 점쳐보아야 한다. 수필은 시공時空을 초월한 문학이기 때문이다.

(2005)

■연보

호 無 圓

1925	9. 17 경북 안동군 임하면 천전동에서 출생.
1940	안동군 임하면 임하초등학교 졸업.
1940	중국(만주) 동경성(東京城)에 가서 10여 일 머물고 할빈, 신경을 거쳐 길림(吉林)에서 두 달쯤 머물다(형님이 그곳에서 살았음).
1943	함경북도 청진에서 공업학교에 다님(土木科).
1943	청진 제철소 제도사 시험에 합격.
1943	삼목합자회사 기술과에 취직(측량 및 설계) 〈나진 청진간의 철도부설공사에 종사〉.
1945	삼목합자회사 회령(會寧) 출장소로 전근(함경선 복선공사에 종사).
1945	고향으로 돌아오다〈경북 안동〉.
1947	안동 농림고등학교 졸업.
1950	중등학교 교원자격 검정고시 합격.
1963	안동시에서 대구시로 이사(전근)
1965	『現代文學』誌에「私談」을 발표하면서 등단.
1968	경북수필문학회(현재의 영남수필문학회) 창립

〈이화진, 장인문, 김시헌의 발의로〉.

1969 　경북대학교 부설 중등교원 양성소 졸업.

1969 　한국문인협회 입회.

1969 　경북수필문학회 동인지 「隨筆文學」 창간.

1969 　경북수필문학회 회장.

1972 　3인수필집 『散文 散策』 간행 〈김진태, 장인문, 김시헌〉.

1972 　국제펜클럽 한국본부 회원.

1975 　5인집 『人生의 妙味』 간행(박문하, 서정범, 박연구, 김시헌 등).

1975 　『한국대표 수필선집』에 「素朴한 의문」 수록.

1976 　『韓國隨想錄 全集』에 「墓地」 등 수록.

1977 　『韓國名隨筆選』에 「古木」 수록.

1977 　한국수필가협회 이사.

1978 　경북문화상 수상.

1978 　수필문우회 회원.

1979 　『붓가는 대로 마음가는 대로』 간행(공저).

1979 　『조그만 가슴으로 큰 행복을』 간행(공저).

1982 　『멋을 아는 사람』 간행(첫단행본).

1984 　『두만강 푸른 물에』 간행(범우사 문고판).

1987 　한국수필문학상 수상.

1990 　『오후의 思索』 간행(제2수필집).

1990 　직장에서 정년퇴임(경북 고령에서).

1991 　대구시에서 서울시로 거주 이전.

1994	『散文 散策』제2집 간행.〈김진태, 장인문, 김시헌〉(공저).
1994	국립도서관, 인천중앙도서관 수필창작반 강사.
1994	경기전문대학 강사(수필).
1995	백화점 문화센터 수필창작반 강사(신세계, 애경, LG 등).
1996	신곡문학상 본상 수상.
1999	「수필문학」 대상 수상.
2000	추천작품 신사위원(계간수필, 자유문학, 수필과 비평) 등.
2001	문고판 – 해질무렵, 생각하는 사람 간행
2004	한국문인협회 이사
2005	한국문학상 수상
2005	수필을 말한다(평론집)간행
2005	허무의 표정〈수필집〉 간행
2007	한국문인협회 고문(현)

현대수필가 100인선 · 03
김시헌 수필선
하늘과 땅과 나

초판인쇄 | 2007년 10월 20일
초판발행 | 2007년 10월 25일

지 은 이 | 김 시 헌
펴 낸 이 | 서 정 환
펴 낸 곳 | 좋은수필사

주　　소 | 서울시 종로구 익선동 30-6
　　　　　운현신화타워 빌딩 3층 305호
전　　화 | (02)3675-5635, (063)275-4000
등　　록 | 1984년 8월 17일 제28호
홈페이지 | http://www.shin-a.co.kr
e-mail | essay321@hanmail.net

값 7,000원

ISBN 978-89-5925-250-3 04810
ISBN 978-89-5925-247-3 (전100권)

*저자와 협의하여 인지는 생략합니다.
*잘못된 책은 바꿔 드립니다.